# LE CARIBOU

# LE CARIBOU

**Roger Fortier**
**Alain Demers**

Avec la collaboration du
**D^r Benjamin Simard**

la presse

INSTITUT NATIONAL DES VIANDES INC.

## COLLABORATEURS

### La faculté de médecine vétérinaire de Saint-Hyacinthe

Dr Youssef Elazhary          Dr Raymond Roy
Dr Jean-Louis Fréchette      Dr Armand Tremblay
Dr Robert Higgins

### Conseillers techniques

Georges Gruenefeld           Monique Chevrier, c.n.d.
Dr Yan Juniper               Nick Hamilton
Jacques Lesieur              Jean-Paul Leblanc
Dr Jérôme Z. Litt            Réjean Lemay

### Photographies

**Couverture**

John Taylor
Didier Le Henaff
Roger Fortier

John Taylor
Didier Le Henaff
Roger Fortier
Benjamin Simard
Alain Demers

**Intérieur**

*Ministère du Loisir, de la Chasse et de la Pêche:*
Pierre Bernier
Fred Klus
Pierre Pouliot
Denis Trudel

**Illustrations:** Richard Brillon

**Direction de la publication:** Alain Demers

**Révision des textes et coordination:** Cap et bc inc.

Dépôt légal 3e trimestre 1986
Bibliothèque nationale du Québec
Bibliothèque nationale du Canada

1234567890          86 5432109876

ISBN 2-8904-3182-7

*Remerciements*
*Nous remercions tous les collaborateurs de ce livre et plus précisément M. Didier Le Henaff de la Direction de la Faune terrestre du ministère du Loisir, de la Chasse et de la Pêche pour ses excellentes photos de caribou. Il convient, enfin, de souligner la participation du ministère du Tourisme, de Quebecair et de M. Johnny Laurence.*

# Préface

Dès les tout débuts de l'histoire de l'homme, soit la Préhistoire, le caribou ou le renne est présent à ses côtés. De très nombreuses fouilles archéologiques effectuées sur le continent européen nous confirment cette association. Durant la dernière époque glaciaire, alors que la calotte de glace du pôle Nord de la terre couvrait presque tout le Canada, le continent européen était aussi partiellement recouvert de glace et la forêt boréale, habitat du caribou, s'étendait jusqu'à la région de la Méditerranée. C'est là, semble-t-il, que se seraient rencontrées les premières populations d'hommes et de caribous. Parmi les autres gibiers contemporains de cette époque, on peut nommer le mammouth laineux, le rhinocéros à fourrure, l'aurochs, le bison, l'ours des cavernes, tous disparus aujourd'hui.

C'est durant la longue période du Paléolithique (entre 80 000 et 20 000 ans avant notre ère) que dans le sud de l'Europe a eu lieu la lente et longue adaptation de l'homme et de sa proie, le caribou. De chasseur et glaneur qu'il était, l'homme est lentement devenu pasteur. Sans doute a-t-il commencé par suivre sa proie, comme le loup. Puis s'apercevant qu'il pouvait prédire les déplacements de celle-ci puis les influencer, il s'est associé de plus en plus intimement avec les troupeaux et leurs mouvements pour en arriver très progressivement à diriger, et même à contrôler les déplacements de ces troupeaux de caribous.

La culture de ces premiers hommes s'est aussi profondément modifiée, et de nomades qu'ils étaient ces peuples sont devenus migrateurs comme leur proie. En quelques dizaines de millénaires l'homme des régions boréales était devenu pasteur, c'est-à-dire sûr de ses ressources alimentaires mais aussi moins agressif, moins guerrier. C'est sans doute en partie ce qui a fait que ce peuple a été progressivement repoussé vers le Nord. Le réchauffement climatique et l'évolution des habitats ont été aussi des facteurs qui ont contribué à repousser jusqu'à l'extrême nord de l'Europe ce peuple que nous connaissons présentement en Laponie et qui utilise le renne presque comme un animal domestique. Plusieurs fouilles archéologiques nous confirment les chemins suivis par les hommes ayant conçu les dessins des cavernes du sud de l'Espagne et de la France et les peuples de la Laponie à travers les vallées des Pyrénées, du Massif Central, des Alpes, de la Haute Plaine de l'Europe du Nord, du plateau du Finmark et jusque dans la chaîne des montagnes scandinaves.

Les différences entre le renne tel que nous le connaissons aujourd'hui et notre caribou sont à la fois infimes et énormes. Le renne et le caribou sont toujours de la même espèce, d'après les spécialistes, et l'apparence extérieure est sensiblement la même sauf peut-être pour le port de la tête et la démarche. Mais lorsque l'on examine de près les comportements, on comprend que l'action de l'homme par la sélection naturelle, mais dirigée dans son intérêt, a pu faire apparaître des traits utiles: réaction à l'attroupement, synchronisation de la mise bas, route de migration, traversée des obstacles, etc.

L'histoire du Canada, beaucoup plus brève, nous montre une évolution fort différente qui peut aussi nous servir de leçon. À l'arrivée des premiers colons, on peut croire qu'à toutes fins utiles la rive nord du Saint-Laurent, du Labrador jusqu'à Trois-Rivières, était fréquentée par d'immenses troupeaux de caribous. On peut dire la même chose de la rive sud, du moins pour la Gaspésie, le Nouveau-Brunswick et la Nouvelle-Angleterre. D'autre part, vers le Nord, la densité des troupeaux était encore plus incroyable. Radisson, explorant la Baie James, nous raconte que le tonnerre des sabots des caribous en migration pouvait s'entendre pendant des jours, des jours et des jours dans le territoire, et très nombreux sont les récits du début de la colonie qui nous parlent des troupeaux immenses qui existaient dans le Haut-Canada à cette époque.

Qu'est-il advenu de tous ces troupeaux de caribous? La petite histoire du Québec peut certainement nous aider à deviner. Le folklore du comté de Charlevoix par exemple est plein d'anecdotes concernant le caribou: j'ai entendu des vieux de mon village raconter qu'ils tuaient en quelques minutes suffisamment de caribous pour charger des hommes avec les langues seulement. On pourrait croire qu'ils étaient menteurs, peut-être, mais lorsque l'on connaît le comportement des grandes hardes sur les aires d'hivernement, on est plutôt porté à dire qu'ils exagéraient tout simplement. Ils auraient dû dire un *homme plutôt que* des *hommes.*

On disait encore chez nous: «Un pays comme le nôtre ça ne se colonise pas seulement avec des noix longues et des racines; ça nous prenait de la viande et il y en avait au bout de la terre». J'ai rencontré un «tueur de chantier», un vieux monsieur de Chicoutimi, qui me racontait que son travail dans les chantiers du Parc lorsqu'il était jeune était de tuer du caribou pour nourrir les hommes. La seule viande que mangeaient les bûcherons pendant l'hiver, c'était du caribou me disait-il. Encore dans le comté de Charlevoix, le parc des Laurentides n'a-t-il pas été créé en 1897 pour protéger le caribou qui y vivait à cette époque? Les premiers documents de ce parc nous rapportent des troupeaux de plusieurs dizaines de milliers d'animaux. Monsieur Thomas Fortin nous décrit des routes de migration larges comme un chemin entre le Château Beaumont et la Mare du Saut.

La première voie ferrée qui conduisait de Québec au lac Saint-Jean passait à travers une région remplie de caribous; on m'a montré des photos de trains (flat-car) chargés de carcasses de caribous provenant de cette région. Les cultivateurs du comté de Portneuf abattaient tout ce qu'ils pouvaient voir de caribous pour décourager les Indiens de descendre près de leurs terres pendant l'hiver. Ailleurs dans le Canada, des tribus entières d'Indiens ont été décimées parce que le troupeau de caribous qu'ils attendaient, sur sa route de migration, ne s'est pas présenté. Et ainsi de suite... On pourrait énumérer des anecdotes historiques pour pratiquement chacun des comtés du Québec, et pour chaque province du Canada.

Plus récemment, à la fin des années 60, un troupeau de 200 000 têtes qui fréquentait l'Alaska et le Yukon est disparu en un an sans laisser de traces. Les biologistes américains et canadiens n'ont rien pu trouver comme explication.

Très rapidement donc, au cours de la colonisation, le caribou est disparu, et à partir des années 1900, il faisait déjà partie du folklore de la majorité de nos régions. Durant les années 1950 Rousseau, explorant la flore de la rivière George, rapporte n'avoir vu que quelques dizaines de caribous dans tout son été de canotage. Il déclare même qu'à toutes fins utiles le caribou pourrait être considéré comme disparu du Québec. Il est vrai qu'un voyage en canot sur la George, en plein été, ne doit pas être considéré comme un moyen efficace d'inventorier les populations de caribous du nord du Québec. La même évaluation s'applique aux enquêtes que certains biologistes du gouvernement québécois ont faites auprès de quelques habitants des villages de la basse Côte Nord. On n'a donc aucune donnée valable sur les populations de caribous du Québec avant les années 1960.

Ce n'est qu'après 1960 que le Service de la Faune du ministère du Tourisme, de la Chasse et de la Pêche entreprend des inventaires sérieux de la faune du nord du Québec, faune qui, à ce moment, était sous la juridiction d'un autre ministère, celui des Richesses naturelles.

Dès les premiers inventaires aériens, on put identifier déjà plusieurs troupeaux distincts. On découvrit que plusieurs dizaines de milliers de caribous habitaient le Nord. C'est cette constatation qui permit de justifier l'ouverture de la chasse sportive et le développement des pourvoiries. Mais parallèlement, à partir de ce moment, la chasse de survivance qui se poursuivait sur la basse Côte Nord, commençait à prendre une signification fort différente. Alors que la chasse sportive favorisait un apport de capitaux considérable dans une région plutôt mono-industrielle comme Schefferville, la chasse de survivance, dans une région aussi dépourvue laissait durer des habitudes séculaires qui donnaient plutôt lieu à des abus et à un appauvrissement sans créer un seul emploi. Quelque vingt ans de ces deux politiques d'aménagement démontrent clairement les erreurs. Alors qu'il ne reste pratiquement plus de caribous sur la basse Côte Nord, la population des troupeaux du nord du Québec s'est accrue de façon presque exponentielle, et si ce n'était des moyens de transport, la demande pour la chasse sportive continuerait toujours à croître.

La chasse sportive est un moyen qui peut devenir très efficace pour aménager une population de gibier et un moyen très rentable de le faire dans certaines conditions. Il est vrai toutefois que ça peut sembler abstrait pour certains car l'argent dépensé est distribué dans tout le pays et non pas seulement à quelques favorisés. Il suffirait aux sceptiques de sortir de leurs bureaux et de demander aux chasseurs eux-mêmes ce qu'il leur en coûte pour pratiquer leur sport. Une très brève enquête démontrerait qu'aucune autre méthode d'exploitation de la faune ne peut vendre une livre de viande à des prix aussi faramineux et être aussi peu dommageable pour la population animale.

À cause du grand nombre et de la croissance rapide des populations de caribous du nord du Québec, maintenant on recommence à parler d'exploitation commerciale des troupeaux du nord. Hélas !!! La leçon n'est-elle pas claire? Pourquoi recommencer l'his-

# Le Caribou

Benny Simard

**Le caribou à l'ère de l'ordinateur...**

toire du Canada et du Québec encore une fois? Nous l'avons démontré, nos ancêtres l'ont démontré, *UNE RESSOURCE RENOUVELABLE N'EST PAS UNE RESSOURCE INÉPUISABLE! Nous n'avons pas 40 000 ans comme les Lapons pour apprendre; nous n'avons plus des millions d'animaux pour couvrir nos erreurs; le caribou n'est pas le renne. Il est temps de réaliser que l'aménagement de la faune est une science et une science fort différente de la biologie, de l'histoire naturelle, de l'observation des oiseaux.*

La régie d'un troupeau exige que l'on investisse des ressources, des connaissances, du temps. Un homme ne peut, à lui seul, faire face à un tel défi. Il faut une équipe multidisciplinaire, menée par un leader qui connaît aussi bien les autochtones que les sportifs et le public québécois, qui est conscient des besoins et des susceptibilités de chacun, et familiarisé avec la régie des grandes populations. Il doit aussi posséder tous les paramètres pertinents et avoir à sa disposition tous les outils économiques, législatifs et sociaux nécessaires. Aucun peuple n'est passé d'une culture de l'âge de pierre à une culture de l'âge post-industriel en une seule génération. L'illusion d'abondance est pourtant un mirage qui ne devrait pas confondre ceux qui prétendent connaître le Nord. Qui peut répondre à cette seule question: les populations de caribous ont-elles des cycles comme la plupart des autres espèces de l'Arctique? Bien malin qui pourrait répondre car ce n'est pas vingt ans d'observations sporadiques ni même cinquante, ni même cent ans à ce compte-là qui peuvent fournir une réponse.

Pourquoi ne pas considérer la chasse sportive comme un outil d'aménagement mais en y investissant ce qu'il faut d'initiative, d'imagination, de créativité, avant d'essayer d'inventer une industrie que nous ne sommes pas prêts à supporter. Nous n'avons guère plus de connaissances du caribou que nos pères mais nous sommes bien mieux équipés qu'eux pour en acquérir. Sans nier l'avenir d'un projet de commercialisation ni la nécessité de s'y attaquer dès maintenant, ne devrions-nous pas commencer par le premier maillon de cette chaîne, le caribou, plutôt que d'investir dans le dernier maillon, l'abattoir?

Alors que l'on parle de société des loisirs, de voyages, d'exotisme, d'occupation du pays, d'élargissement du champ des connaissances, beaucoup de gens considèrent encore la chasse sportive comme de l'abattage pur et simple. Ce livre démontre la fausseté de cette croyance en nous faisant voir la préoccupation qu'ont les chasseurs sportifs de préparer leur expédition, leur équipement et leur sécurité; d'apprendre à manipuler, à conserver et à transporter leurs prises; de connaître la biologie, les comportements et l'histoire naturelle de leur gibier.

*Beaucoup de questions restent encore sans réponses, les sportifs harcellent les spécialistes, ils veulent savoir!... Le défi nous est lancé: à nous de sortir de nos bureaux et de communiquer nos connaissances.*

**Benjamin B. Simard**

# TABLE DES MATIÈRES

# Introduction

Le présent ouvrage a nécessité de nombreuses consultations auprès de spécialistes dans divers domaines, sans parler des non moins nombreux renseignements, données et recherches qu'il a fallu colliger.

Le caractère indispensable d'un livre sur le caribou nous fut confirmé lors de nos visites sur le terrain et de nos fréquents contacts avec les chasseurs, dans le cadre des cours donnés par l'Institut national des Viandes inc. En effet, ces rencontres nous ont révélé un besoin grandissant d'informations sur la chasse au caribou et sur l'animal lui-même. Il n'en fallait pas plus pour nous inciter à poursuivre notre mission. Ces rencontres nous ont aussi aidés à orienter notre approche.

Vous connaîtrez enfin, en lisant les pages qui suivent, maintes particularités du caribou, qui vous étaient jusqu'à maintenant inconnues: ses mœurs, son habitat, sa population et son état de santé. Les chapitres sur le camping sauvage, sur les soins de la peau en plein air et sur le choix des armes, des projectiles et des divers accessoires de chasse vous renseigneront sur la façon d'assurer la réussite de votre expédition. Vous apprendrez, de plus, comment obtenir le maximum de votre gibier en appliquant, sur le site de chasse et lors du transport, certaines règles élémentaires. Nous vous suggérons, finalement, une vingtaine de recettes qui vous feront apprécier les fruits de votre chasse.

*Le caribou* se veut donc un guide pratique à l'intention des chasseurs et de tous ceux qui désirent en savoir plus sur ce fascinant cervidé.

# Chapitre premier
# La chasse au caribou

Une vision de rêve pour le chasseur de caribou.

Vous êtes chasseur de «chevreuil» ou d'orignal! C'est votre première expérience avec le caribou! Alors, laissez de côté tout ce que vous savez, car la chasse au caribou est très différente des autres chasses au gros gibier. En effet, la curiosité du caribou est telle que le chasseur, très souvent, se trouve placé dans des circonstances imprévisibles. À ce propos, voici une aventure éloquente vécue par Roger Fortier.

Il y a quelques années, lors d'une partie de chasse, Jacques Marchand, André Larose, Pierre Sauriol, le caméraman Jean-Marie Laurence et moi, installons notre campement sur la rivière George à 247 kilomètres en aval de Schefferville. Nous nous séparons pour la première journée de chasse. André et Pierre partent de leur côté, Jacques en chasseur solitaire, le caméraman Johnny et moi empruntons une autre direction. Après une quinzaine de minutes de marche, nous apercevons au loin trois caribous: deux femelles et un jeune.

Je tente une expérience pendant que Johnny filme le tout: je beugle comme le plus beau des taureaux. Nos trois caribous s'arrêtent et repartent au pas de course dans notre direction. À une trentaine de mètres, ils s'immobilisent, se retournent et reprennent leur course en s'éloignant. Je beugle de plus belle: les caribous rebroussent chemin jusqu'à environ 15 mètres de nous, s'arrêtent, nous regardent, se retournent et s'éloignent.

Vers quatre heures, nous nous installons sur une petite butte. Une heure passe et, tout à coup, nous apercevons au loin, quatre points qui se déplacent dans une direction opposée à la nôtre. Dans mon télescope, je distingue un mâle dont le panache ferait bien mon affaire: sans être des plus larges, il est très haut, ce qui lui donne une forme tout à fait particulière. J'épaule, je vise, je tire. Nervosité? Mon télescope se serait-il déplacé durant le transport? Quoi qu'il en soit, je rate complètement mon coup. Mais à ma grande surprise, mon caribou s'amène à toute vitesse vers moi. Je bascule mon télescope, Johnny filme toujours, et j'aborde mon caribou à environ 45 mètres. André et Pierre ont entendu les coups de feu et nous rejoignent. Nous sommes tous fiers de ce premier caribou (photo 1.1).

***Photo 1.1*** **Roger Fortier pose fièrement avec un caribou.**

Nous commençons l'éviscération lorsqu'André se lève sans crier gare et saisit sa carabine. À 45 mètres, un mâle au panache encore plus gros que le premier nous observe. Apeuré par le mouvement brusque d'André, il redescend du monticule où nous nous trouvons. André et Pierre partent en direction opposée et contournent la butte. Cinq minutes plus tard, un coup de feu. André est arrivé face à face avec l'intrus et l'a abattu. Bilan de cette première journée de chasse: deux magnifiques mâles.

Arrosés d'une bonne bouteille de vin, les foies et les cœurs constituent un repas auquel nous faisons grand honneur. André et moi taquinons nos deux confrères qui n'ont encore rien abattu; et nous décidons, en chasseur comblé, que nous ferions la grasse matinée le lendemain. Mais nous devrons y renoncer, car, aux petites heures, Jacques s'efforce de faire le plus de bruit possible dans la tente. En partant, il nous dit: «Vous allez voir la méthode à Marchand». Nous nous moquons bien de cette méthode car nous avons déjà nos trophées.

Une demi-heure plus tard, nous entendons un coup de feu. La méthode à Marchand a porté fruit puisqu'il a abattu son caribou tout près de l'endroit où nous avions abattu les nôtres. Le panache est immense, et Jacques ramasse les paris pour le plus gros trophée.

Seul Pierre n'a pas fait mouche. Le lendemain, il est debout aux petites heures. Il sort de la tente et revient presque immédiatement en criant: «Des caribous!» Son agitation surprend un peu car nous n'en sommes plus à un caribou près. Nous le suivons donc à l'extérieur de la tente et devons admettre que, même après en avoir vu plusieurs, les deux magnifiques mâles qui se profilent à environ 100 mètres devant nous valent le déplacement. Johnny saisit sa caméra et suit Pierre qui, en rampant, s'approche tranquillement de son gibier. Un coup de feu et la chasse est terminée. Quatre caribous en tout! (Cela se passait avant l'augmentation du quota à deux bêtes.)

Au même moment, je me retourne et j'aperçois cinq caribous qui se dirigent droit sur notre tente. À une quinzaine de mètres, ils s'arrêtent brusquement et bifurquent, leur curiosité les appelant sans doute ailleurs.

Le pilote qui nous ramenait nous a raconté que, lors d'un voyage précédent, cinq caribous, des femelles et des petits mâles, regardaient des chasseurs novices descendre de l'avion. Bien qu'il leur ait conseillé de ne pas tirer et d'attendre l'arrivée des mâles qui ne saurait tarder, ils épaulèrent sur-le-champ et chacun avait déjà abattu son caribou quand, quelques minutes plus tard, d'énormes mâles passèrent à portée de fusil.

Il n'est pas rare de rencontrer des troupeaux de 200, 500 et même 1 000 bêtes. Bien choisir son trophée devient alors un art. Il faut savoir patienter et surtout, essayer de détacher du troupeau la bête qui vous intéresse, pour éviter d'en abattre une autre par erreur; en effet, un mouvement brusque de la part du chasseur ou encore sa nervosité peuvent mettre fin inopinément à la chasse.

Pour ceux qui en sont à leur première expérience, le paysage de la toundra est déroutant et il semble peu croyable, à première vue, que le gibier y soit abondant. Ces régions sont pourtant d'une richesse inouïe: caribous, perdrix et renards y foisonnent. De plus, si vous avez l'occasion de taquiner la truite, vous capturerez des pièces de choix (photo 1.2).

**Photo 1.2** Entre deux sorties de chasse, pourquoi ne pas aller taquiner la truite? C'est ce qu'a fait ici M. Roger Fortier.

La chasse au caribou est unique; elle se pratique dans un environnement tout à fait spécial et ne peut, en aucune façon, se comparer à la chasse à l'orignal ou au «chevreuil». Plusieurs de mes amis, qui ont vécu cette expérience une et même deux fois dans certains cas, en sont revenus enchantés. Il faut donc faire abstraction de toutes les connaissances acquises lors des parties de chasse à un autre type de gibier et être prêt à vivre une aventure nouvelle.

# Chapitre 2
# Le caribou au Québec

Le Québec dans son ensemble est principalement un pays boréal. Cette réalité se reflète dans sa flore et dans sa faune. En plusieurs endroits le long de la côte septentrionale qui s'étend depuis la baie James jusqu'à la baie d'Ungava, on peut rencontrer l'ours blanc. Dans l'immense toundra des hauts plateaux de la péninsule de l'Ungava, le renard arctique, le lagopède, la harfang des neiges, le lièvre arctique et plusieurs autres espèces nordiques forment des populations de densité variable. Cependant, aucun animal ne symbolise mieux que le caribou le mystérieux et lointain Nord québécois. Pour la plupart des gens, la seule mention du mot «caribou» évoque des visions de grands troupeaux migrant à travers les plaines enneigées, des animaux dont les déplacements intriguent et fascinent.

## Qui est le caribou?

Le caribou est une espèce aux origines lointaines. À la différence du cerf de Virginie, qui a évolué dans l'Amérique du Nord et qui n'est indigène que sur ce continent, le renne — le caribou et le renne sont actuellement considérés comme appartenant à la même espèce; le caribou est le renne du Canada — a une distribution circumpolaire: il se rencontre dans les régions nordiques de l'Asie, de l'Europe et de l'Amérique, soit en Russie, en Scandinavie, au Canada et en Alaska.

### L'origine du nom

Le mot *caribou* dérive du nom indien micmac *xalibu*, qui signifie «*bête qui pioche ou pellete*». Chez les Inuit, on le désigne sous le nom de *tuktuk*. Malgré l'existence de plusieurs sous-espèces de ce cervidé, les zoologistes s'accordent pour ne reconnaître qu'une seule espèce, désignée sous le nom scientifique de *Rangifer tarandus*.

### La taille

La taille du caribou se situe entre celle du cerf de Virginie et celle de l'orignal. Chez le caribou du Québec, le poids moyen varie très peu d'une sous-population à l'autre. Cependant, la hauteur au garrot peut changer d'une région ou d'un secteur à l'autre, ce qui explique que certaines bêtes donnent l'impression d'être plus imposantes. C'est dans le troupeau de la rivière George que se rencontrent les plus grands mâles.

Le poids moyen du mâle adulte varie entre 140 et 180 kilogrammes, mais plusieurs gros spécimens chassés dans l'Ungava pesaient plus de 225 kilogrammes. Il est à noter que c'est en automne, juste avant le rut, que les mâles adultes atteignent leur poids maximal. La femelle adulte pèse en moyenne entre 90 et 140 kilogrammes et un nouveau-né, environ 7 à 9 kilogrammes.

## Les bois

Le caribou diffère des autres grandes espèces de cervidés en ce que la plupart des femelles ont un panache. Toutefois, leur ramure n'atteint jamais la dimension de celle du mâle (photo 2.1). Dans l'ensemble, les mâles perdent leur bois de décembre à mai, les plus matures les premiers, suivis des mâles de plus en plus jeunes. Normalement, vers le mois de mars, 80% des grands mâles ont perdu leur panache.

**Photo 2.1** Le caribou est le seul cervidé chez qui mâles et femelles sont porteurs de panache. Celui du mâle est cependant beaucoup plus imposant.

*Photo 2.2* **Caribous mâles dont le panache est en phase de transition. Celui de gauche a presque perdu son velours.**

La majorité des femelles perdent leur ramure en juin pendant ou immédiatement après la mise bas, et la nouvelle ramure commence à pousser aussitôt après. La nouvelle ramure du mâle est visible en avril et est complètement formée, séchée et polie vers la fin de septembre (photo 2.2) alors qu'à ce moment, celle de la femelle est encore parfois recouverte de velours.

**La coloration**

La livrée du caribou varie beaucoup selon les individus et les saisons, et même d'une population à une autre. Bien que plus pâle en hiver qu'en été, le pelage est généralement d'un brun olivâtre sur le dos (manteau) et change graduellement au gris pâle sur les flancs puis au blanc sous la queue, à l'intérieur des oreilles et autour des pattes.

En automne, alors que la fourrure du caribou est à son plus beau, le pelage est dense et fin, à l'exception d'un *manteau* dont les poils sont plus longs et plus gros. Une partie de ce manteau forme un large collet blanc particulièrement évident chez les mâles adultes. Durant l'hiver le pelage subit une mue: l'animal perd son manteau dont les poils sont moins résistants. Cette partie étant plus foncée, le caribou devient de plus en plus pâle au fur et à mesure que l'hiver avance.

## Mœurs et habitudes

Grâce à ses larges sabots munis d'onglons bien développés (photo 2.3), le caribou se déplace avec aisance dans la neige et les tourbières, de même que dans l'eau. Les caribous sont reconnus comme étant d'habiles nageurs et peuvent franchir de grandes distances, surtout lorsqu'ils sont recouverts du pelage hivernal, qui augmente leur flottabilité.

Les troupeaux en migration traversent souvent les cours d'eau à la tête des rapides, peut-être à cause du bruit qui les y attire ou à cause des rétrécissements fréquents à ces endroits (photo 2.4). Le comportement du caribou sous ce rapport n'en demeure pas moins curieux. Un mâle adulte a été aperçu un jour, traversant les eaux turbulentes de la rivière George. Il a été emporté par le courant sur une bonne distance, mais dès qu'il eut atteint la rive opposée, il fit demi-tour et retraversa la rivière. Voilà qui démontre une certaine insouciance de sa part face au danger des courants. La désormais célèbre noyade des 10 000 caribous dans la Caniapiscau en automne 1984 démontre bien que ces bêtes peuvent être victimes des eaux.

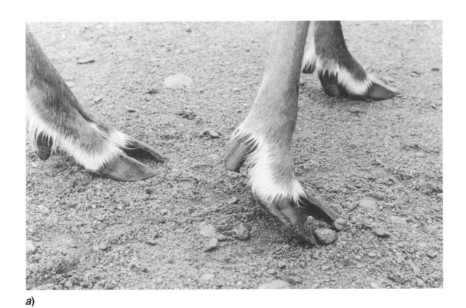

a)

*Photo 2.3* (*a*) Les larges sabots du caribou et (*b*) ses ergots démontrent bien l'adaptation de cet animal à son habitat.

b)

*Photo 2.4* **Les caribous, reconnus comme d'excellents nageurs, traversent nombre de cours d'eau lors de leur migration.**

## Les sens

Le caribou se fie beaucoup à son odorat lorsqu'il pressent un danger. Il s'arrête fréquemment et renifle afin d'en identifier la source ou d'en évaluer l'ampleur.

Pour ce qui est de son acuité visuelle, plusieurs disent qu'elle est médiocre, mais il semble qu'elle soit très bonne. Chose certaine, le caribou perçoit très bien les objets en mouvement. Ce fait a d'ailleurs inspiré aux chasseurs expérimentés une tactique qui s'est révélée efficace: un bout de tissu blanc agité au bout d'un bâton attire immanquablement l'attention de l'animal qui, curieux de nature, s'approche. Il constitue alors une cible parfaite, facile à atteindre.

L'ouïe du caribou, comme celle des autres cervidés, est très développée. Toutefois, durant l'été, certaines bêtes peuvent devenir sourdes à cause de la quantité énorme de moustiques qui viennent se loger dans le conduit de son oreille externe.

## La reproduction

La plupart des femelles atteignent leur maturité sexuelle à un an et demi. La moitié des femelles de cet âge, gardées en captivité dans le parc des Laurentides lors du projet de réintroduction du caribou, se sont reproduites aussitôt. Toutefois, il est fort possible que, dans la nature, cette prévalence soit inférieure. En effet, des études sur les caribous de la rivière George ont démontré que 40% seulement des femelles d'un an et demi sont en état de se reproduire. Les mâles atteignent leur maturité sexuelle à deux ans et demi mais ne sont premier chef de harem que beaucoup plus tard.

Au Québec, dans la majorité des cas, l'accouplement a lieu durant les deux dernières semaines d'octobre. La période de gestation étant d'environ 230 jours, la plupart des veaux naissent tôt en juin.

Chaque année, à moins de conditions atmosphériques nettement défavorables, la majeure partie des femelles gravides se rassemblent, pour la mise bas, dans des aires relativement restreintes.

En général, les femelles ne donnent naissance qu'à un veau (photo 2.5); les jumeaux sont extrêmement rares. Précoces, les nouveaux-nés peuvent se tenir debout et marcher quelques minutes après la naissance, et ils peuvent courir quelques heures plus tard. Dans l'Ungava, pendant la migration, des veaux d'à peine quelques jours ont été aperçus, avec leur mère, traversant des lacs de dimension moyenne.

*Photo 2.5*   **La plupart des veaux naissent en juin.**

## Le régime alimentaire

Le menu des caribous est très varié. Ils consomment de grandes quantités de plantes, de rameaux d'arbustes, des feuilles, de l'herbe, de la mousse et même des champignons, dont ils raffolent d'ailleurs. Les lichens constituent toutefois leur principale nourriture, particulièrement durant l'hiver (photo 2.6).

***Photo 2.6*** Les cladonies et les stéréocaolons, espèces de plantes très répandues dans l'habitat du caribou, font partie de la diète d'hiver de ce cervidé.

Les lichens sont très résistants au froid, à la sécheresse, etc., mais pas aux feux de brousse. Un tel sinistre risque d'affecter gravement l'équilibre alimentaire du caribou. En effet, selon l'intensité du feu, la nature du sol et d'autres facteurs, il peut s'écouler entre 25 et 75 ans, et même davantage, avant qu'une région dévastée par le feu soit en état de subvenir de nouveau aux besoins du caribou.

Par ailleurs, vu la croissance lente des lichens, le surpâturage constitue une autre menace. Il ne semble pas que ce soit le cas en ce moment au Québec, mais il n'y a pas de preuve formelle du contraire non plus. Une chose est certaine: si la population continue de croître au même rythme, les risques d'épuisement des terres augmentent eux aussi.

## La structure sociale

Le caribou est un animal grégaire; selon le temps de l'année, les groupes portent des noms distincts qui correspondent à des formations différentes.

Durant l'été, on reconnaît d'un côté les familles (l'unité de base), chacune formée d'une vieille femelle et de ses filles et petites filles, et de l'autre côté, les bandes de mâles du même âge. À l'automne, au début de la période du rut, les bandes de grands mâles se divisent et chacun d'entre eux tentera de conquérir trois ou quatre familles qui constitueront son harem — il semble que les familles les plus grandes attirent à elles les familles plus petites, ce qui constitue le moteur du matriarcat. Ces vieux mâles ne seront chef que pour un temps seulement, car, pendant leur règne, les efforts déployés et le jeûne qui en résulte les stressent à un point tel qu'au bout d'une quinzaine de jours, il ne leur reste plus que la peau et les os. À mesure que l'automne avance, les mâles inférieurs qui gravitaient autour des harems délogent les premiers chefs et le deviennent à leur tour. (C'est alors qu'on assiste à la formation des hardes.) En effet, les plus vieux mâles perdent leur panache, et en même temps leur statut social. Tout au long de l'hiver jusqu'au mois d'avril, les mâles qui perdent leur panache seront rejetés des hardes et formeront une bande à part. On les appelle d'ailleurs les «penauds» car, sans panache et avec leur long museau, ils semblent errer en peine à la périphérie du troupeau.

Plus la saison progresse, plus les familles (de femelles) reprennent de la cohésion en approchant des aires de mise bas. Avant d'y entrer, les femelles chassent leur jeune mâle de l'année précédente. Ces jeunes mâles du même âge formeront des bandes qui demeureront homogènes durant plusieurs années. Les jeunes femelles, elles, colleront à leur mère aussi longtemps qu'elles le pourront.

La société de caribous a donc deux structures principales: les familles de femelles et les bandes de mâles, et deux temps forts: la période de rut avec ses harems et la migration avec ses immenses rassemblements*.

---

*Sur ce sujet, voir l'article du docteur Benjamin Simard, «Éléments du comportement du caribou du Nord québécois», paru dans la revue *Recherches amérindiennes au Québec*, vol. IX, n^os 1-2, 1979. M. Simard fut le premier à décrire la structure sociale du matriarcat chez le caribou.

**Les moustiques**

Pendant l'été, dans le Grand Nord, les moustiques sont en nombre astronomique. Afin de s'éloigner de ces nuages d'insectes, les caribous rejoignent généralement les terrains élevés sans arbres et exposés au vent. Par temps calme, on voit souvent les caribous se précipiter d'un côté puis de l'autre et se branler la tête pour tenter d'échapper à leurs bourreaux. On a même aperçu, en juillet, des groupes de femelles se reposant sur de grands îlots de neige, assurément pour se rafraîchir, mais aussi pour se protéger contre les moustiques.

**Les prédateurs**

Au Québec, les principaux prédateurs du caribou sont le loup, l'ours noir et le lynx (pour les nouveau-nés). Les terrains de mise bas constituent des lieux de prédilection pour les prédateurs: les veaux y sont nombreux, et très vulnérables. Même les corbeaux parviennent à tuer des veaux — ils leur crèvent les yeux — quand ceux-ci, curieux, s'approchent des oiseaux.

## Distribution au Québec

Avant l'arrivée des Européens en Amérique du Nord, on trouvait le caribou un peu partout au Québec, à l'exception du secteur des Cantons-de-l'Est situé à l'ouest des monts Sutton. En raison, principalement, d'une chasse abusive, de la détérioration de l'habitat causée par toutes sortes de transformations, et de l'occupation humaine, les caribous au sud comme au nord du fleuve Saint-Laurent sont aujourd'hui cantonnés dans des aires beaucoup plus restreintes. Au sud du Saint-Laurent par exemple, on ne trouve plus que quelques dizaines d'animaux, dispersés sur les monts Jacques-Cartier et Albert en Gaspésie.

Actuellement, l'aire de distribution du caribou est située au nord du 51$^e$ parallèle et couvre une superficie de 500 000 kilomètres carrés de forêt boréale, de taïga et de toundra (figure 2.1).

La forêt boréale est une vaste région qui, d'est en ouest, forme une ceinture continue, et dont l'essence dominante est l'épinette noire et blanche. À l'extrémité nord, au-delà de la forêt boréale, se trouve la toundra, région totalement dénudée d'arbres et caractérisée par une végétation de mousse, de lichens, de lédons et de carex. La taïga est une zone de transition peu boisée située entre la forêt boréale et la toundra.

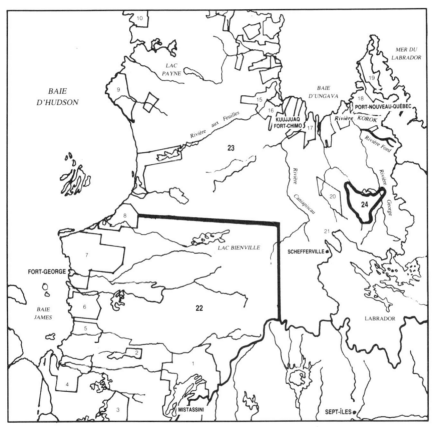

*Figure 2.1* **Aire de distribution approximative du caribou au Nouveau-Québec**

Vers la fin des années 1970, on a relevé sur ce territoire quelques concentrations importantes de caribous, identifiées comme étant des troupeaux distincts. Celui de la rivière George est sans contredit le plus imposant d'entre eux. Et c'est la raison pour laquelle nous décrirons un peu plus loin ses déplacements. Ces troupeaux sont:

1. Le troupeau de la rivière George;
2. Le troupeau de la rivière aux Feuilles (secteur compris entre cette rivière et le lac Payne);
3. Le troupeau de la vallée du Korok (péninsule est du Québec- Labrador);
4. Les troupeaux du bassin hydrographique de la baie James (lacs Laforge, Caniapiscau, Bienville, etc.; ce secteur commence à 100 kilomètres à l'ouest de Schefferville et s'étend jusqu'à la tête de la baie d'Hudson).

À souligner qu'il existe d'autres troupeaux, encore plus petits, dans la région de Val-d'Or, sur la Côte-Nord et en Gaspésie entre autres.

Quelques années plus tard, même si l'on s'entend généralement sur l'existence de concentrations dans certains secteurs, il semble que l'identification de troupeaux ne fasse plus l'unanimité dans les milieux scientifiques. L'augmentation effarante de la population de caribous et les difficultés d'évaluer avec certitude leurs habitudes migratoires sur tout le territoire contribuent à rendre un peu hasardeuse toute affirmation trop précise sur le sujet.

Néanmoins, en 1985, on estimait à environ 700 000 bêtes le nombre total de caribous au Québec, le taux d'accroissement annuel dépassant 10%. On prévoit que le cheptel atteindra le million de têtes en 1990.

**Quelques déplacements typiques**

Pour les raisons susmentionnées, il est difficile de tracer un parcours précis et régulier du cheptel sur le territoire du Nouveau-Québec. La description suivante peut donner une idée de certains déplacements passés du caribou dans cette région.

Pendant la saison de chasse sportive, un certain nombre de caribous sont répartis de part et d'autre du bassin hydrographique de la rivière George, sur les hauteurs situées à l'ouest et à l'est de la rivière (photo 2.7). Les bêtes entreprennent une longue marche vers Kuujjuaq (Fort-Chimo), près de la baie d'Ungava, pour suivre la Caniapiscau vers le sud et le lac Bienville puis retourner vers Kuujjuaq.

*Photo 2.7* **Caribous de la rivière George durant la saison de chasse.**

Habituellement, les femelles gravides abandonnent les aires hivernales en avril pour se diriger vers différents terrains de mise bas, où elles arrivent vers la fin de mai et le début de juin (photo 2.8). Un très grand nombre de femelles (212 000 en 1984) s'arrêtent dans un secteur situé à quelque 300 kilomètres à l'est de Kuujjuaq, entre la rivière George et la mer du Labrador, le long de la rivière Ford. D'autres bêtes se dirigent vers d'autres aires de mise bas. Ces aires de mise bas changent d'une année à l'autre et couvrent 8 000 kilomètres carrés. Le territoire favorable à la mise bas comprend dans son ensemble 50 000 kilomètres carrés.

Pendant les mois de juillet et août, un nombre considérable de caribous ont atteint les hauteurs à l'est de la rivière et au sud-est de Port-Nouveau-Québec, mais ils semblent moins s'y arrêter qu'auparavant. Des bêtes demeurées sur la rive ouest de la rivière George se déplacent lentement entre celle-ci et la rivière Caniapiscau. D'autres hardes importantes se forment vers la mi-août et passent par la George et différents plans d'eau au sud de son réseau hydrographique.

*Photo 2.8* **Caribous dans leurs quartiers d'hiver.**

Au début d'octobre, une concentration importante de caribous a rejoint le nord de Kuujjuaq et monte en direction de la rivière aux Feuilles. Quelques bandes descendent en direction de la baie James alors que d'autres montent vers la péninsule.

Il reste encore beaucoup à apprendre sur le caribou du Québec. Les recherches biologiques sont souvent trop fragmentaires pour être concluantes, d'autant plus que le cheptel évolue rapidement.

Il importe de savoir apprécier à sa valeur le précieux héritage que constitue le caribou. Nous devons en faire une exploitation raisonnable et respecter la place qu'il occupe dans le Grand Nord. Espérons que le temps ne viendra jamais où la toundra cessera de vibrer sous les pas des hardes de caribous en migration.

## La réintroduction du caribou dans le parc des Laurentides

Nous reproduisons en photos des séquences du travail des biologistes et des techniciens de la faune lors de la réintroduction du caribou dans le parc des Laurentides. Pour cela, il a fallu capturer les caribous dans l'Ungava et les transporter «au sud».

*Photo 2.9* Photo «historique» prise en 1968 sur le lac Saubosq (200 kilomètres de Sept-Îles), juste avant l'embarquement. Les bêtes seront transportées jusqu'à Bagotville puis vers le parc. Les membres de l'équipe sont, de gauche à droite: MM. Pierre Laliberté, Didier Le Henaff, Benjamin Simard, Paul Beauchemin, Charlie O'Brien, André Noël et Albert Gagnon.

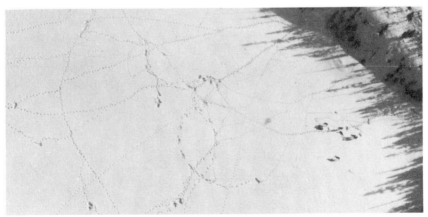

*Photo 2.10* Voici une aire d'hivernement du caribou. Les bêtes qui se tiennent sur le lac seront rabattues en aéronef vers les boisés environnants à un endroit précis où seront tendus des filets.

**Photo 2.11** Un membre de l'équipe transporte sur son épaule un filet qu'il s'apprête à aller tendre.

**Photo 2.12** La battue, effectuée par deux aéronefs, dirige les caribous directement à l'endroit prévu.

a)

*Photo 2.13* (*a*) Des bêtes foncent littéralement dans le filet et (*b*) s'emmaillent.

b)

*Photo 2.14*   Après cette opération, on garde temporairement les caribous dans un enclos.

*Photo 2.15*   **Puis vient le moment de préparer les bêtes pour le transport. D'abord, on leur bande les yeux, afin de les calmer, puis on les enveloppe dans une civière et on les dispose une à côté de l'autre pour qu'elles se sentent en sécurité, et en sens opposé pour éviter qu'elles ne se blessent mutuellement avec leur panache lors du transport.**

46

*Photo 2.16*   On s'apprête à l'embarquement.

*Photo 2.17*   Grâce aux poignées de la civière, on peut effectuer l'embarquement avec soin.

*Photo 2.18*  La naissance d'un veau marque une étape importante pour la réintroduction de l'espèce dans le parc. Comme les adultes sont gardés en captivité pour la reproduction, on n'a relâché que les jeunes. De fait, ceux-ci ne connaissaient pas de route migratoire et avaient plus de chance de rester dans le parc et d'y établir leur territoire. L'instinct de migration étant inné chez l'espèce, les biologistes ont jugé préférable que les jeunes élaborent leur propre «folklore» en traçant eux-mêmes leur route de migration.

# Chapitre 3

# L'état de santé des caribous de la rivière George

Avec environ 700 000 têtes en 1985, le Québec possède le plus grand troupeau de caribous au monde vivant à l'état sauvage.

Le caribou, comme les ruminants domestiques, peut être sujet à des maladies et à des carences alimentaires. Lors des automnes 1978 et 1979, la Faculté de médecine vétérinaire de Saint-Hyacinthe, en collaboration avec le Service de la recherche faunique du ministère du Loisir, de la Chasse et de la Pêche, entreprit d'examiner quelques caribous de la rivière George afin de dépister des maladies virales, bactériennens et parasitaires. Ces études comprennent des analyses du sang qui donnent quelques indications sur l'état de santé du cheptel.

Les données (non exhaustives) qui suivent pourront vous sembler très techniques. Cependant, nous tenions à les intégrer au volume car rien de semblable n'a été publié jusqu'à présent.

## L'état nutritionnel

La qualité et la quantité des aliments disponibles sur les terrains de pâturage peuvent être l'un des facteurs responsables des variations du nombre d'individus d'un troupeau.

Les résultats obtenus permettent d'affirmer que la nourriture consommée par les bêtes examinées contient les substances nutritives requises. Des études plus poussées sur la qualité des pâturages permettraient d'identifier les principaux éléments essentiels à la santé du cheptel. De bonnes conditions favorisent une augmentation du troupeau, tandis qu'une alimentation pauvre et déficiente risque d'entraîner une utilisation excessive des pâturages et, à court terme, une diminution rapide du troupeau.

## Les maladies virales

Parmi les animaux examinés, on a constaté que 86,7 % de la première harde et 71,5 % de la seconde avaient des anticorps contre certains virus qui causent habituellement des problèmes chez les animaux domestiques.

On ne peut cependant, dans l'état actuel de la recherche, déterminer d'où proviennent ces infections, ni si elles ont un effet néfaste sur le caribou. Dans l'éventualité où ces deux hardes n'ont pas eu de contact avec des ruminants domestiques depuis au moins 25 ans, le fait que ces virus soient présents et qu'ils se soient maintenus de génération en génération semble plausible.

## Les maladies infectieuses d'origine bactérienne

Tous les sérums de caribous utilisés pour la recherche de maladies infectieuses d'origine virale, ont aussi été soumis à la recherche d'anticorps contre les maladies suivantes: brucellose, leptospirose et toxoplasmose. En 1978, tous les tests étaient négatifs. En 1979, un seul sérum a donné une réaction positive à la toxoplasmose. Aucun réacteur n'a été décelé pour les deux autres infections.

## Les parasites

Parmi les animaux étudiés, quelques dizaines présentaient des kystes. Ces petites vésicules blanches révèlent la présence d'un des parasites suivants: *Cysticercus tarandi*, *Cysticercus tenuicollis* et échinocoque. D'autres parasites se rencontrent chez le caribou, soit sous forme de ver (*Fascioloides magna*, *Dictyocaulus viviparus*), sous forme de larve (*Œdemagena tarandi*, *Cephenemia trombe*) ou sous forme d'infection.

### Échinocoque

L'échinocoque se rencontre fréquemment chez l'orignal du Québec, mais beaucoup moins chez le caribou (figure 3.1 et photo 3.1). C'est un parasite dangereux pour l'homme, non pas à partir du caribou mais des hôtes carnivores (chien, loup). Il est donc déconseillé de donner des morceaux de poumon ou de foie contaminés à un chien car celui-ci peut devenir porteur d'un ver adulte *Echinococcus granulosus* dont les œufs produisent des kystes hydatiques chez l'homme.

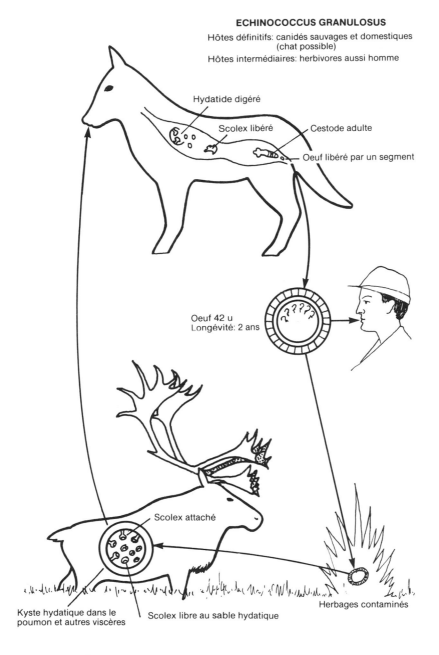

**ECHINOCOCCUS GRANULOSUS**

Hôtes définitifs: canidés sauvages et domestiques (chat possible)
Hôtes intermédiaires: herbivores aussi homme

Hydatide digéré

Scolex libéré

Cestode adulte

Oeuf libéré par un segment

Oeuf 42 u
Longévité: 2 ans

Scolex attaché

Kyste hydatique dans le poumon et autres viscères

Scolex libre au sable hydatique

Herbages contaminés

*Figure 3.1* **Échinococcose**

53

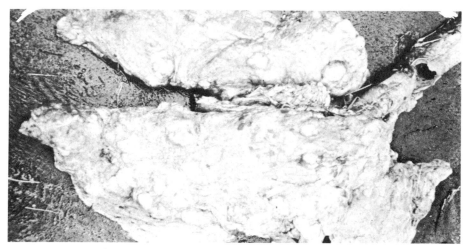

*Photo 3.1* Kystes hydatiques (échinococcose) sur des poumons contaminés.

## Cysticercus tarandi

Le *Cysticercus tarandi* (figure 3.2 et photo 3.2), fréquent chez l'orignal du Québec, est rare chez le caribou, soit 1 cas sur 58 carcasses examinées. Ce parasite n'est pas infectieux pour l'homme; mais dans le cas d'infestation massive, où plusieurs vésicules sont visibles, il rend la viande moins attrayante.

**Photo 3.2** Vésicules contenant le *Cysticercus tarandi* dans la chair du gibier.

## Cysticercus tenuicollis

Le *Cysticercus tenuicollis* se rencontre chez le caribou et chez l'orignal (figure 3.3 et photo 3.3). Il se présente, comme le précédent, sous forme de petites boules blanches dans la viande. Ce parasite n'est pas dangereux pour l'homme.

À cause de ces trois parasites, on ne doit jamais donner à un chien quelque partie que ce soit de l'animal sauvage.

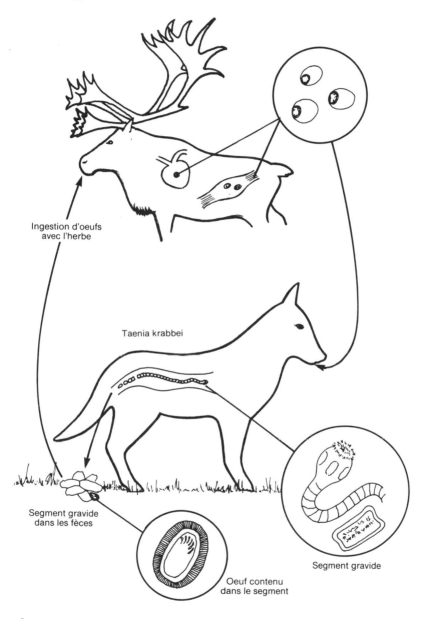

Ingestion d'oeufs
avec l'herbe

Taenia krabbei

Segment gravide
dans les fèces

Oeuf contenu
dans le segment

Segment gravide

**Figure 3.2    Cysticercus tarandi**

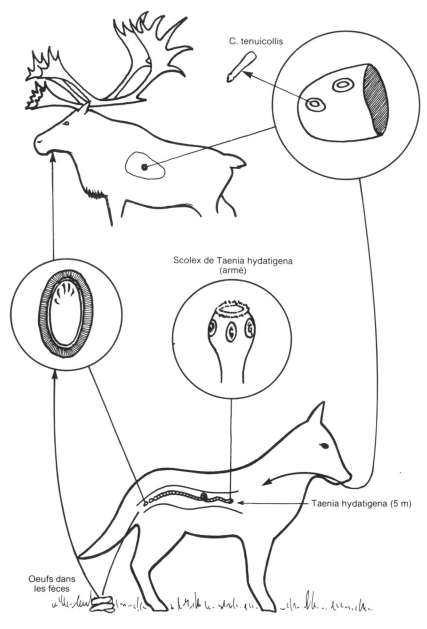

C. tenuicollis

Scolex de Taenia hydatigena
(armé)

Taenia hydatigena (5 m)

Oeufs dans
les fèces

**Figure 3.3   Cysticercus tenuicollis**

56

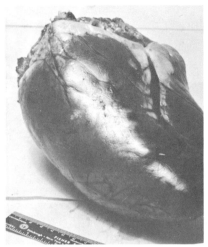

*Photo 3.3* Petites vésicules renfermant le cysticerque (*Cysticercus tenuicollis*) présentes dans le cœur d'un spécimen.

## *Fascioloides magna*

Contrairement aux trois parasites précédents, qui sont des formes larvaires, le *Fascioloides magna* se rencontre sous forme de ver plat (au stade adulte) dans le foie des caribous (figure 3.4 et photo 3.4).

Ce parasite est fréquent chez le caribou du nord du Québec et très souvent, le foie en est tellement atteint qu'il semble impropre à la consommation.

Il n'est toutefois pas dangereux pour l'homme sous cette forme, car seule la métacercaire enkystée sur l'herbe des pâturages peut transmettre le parasite.

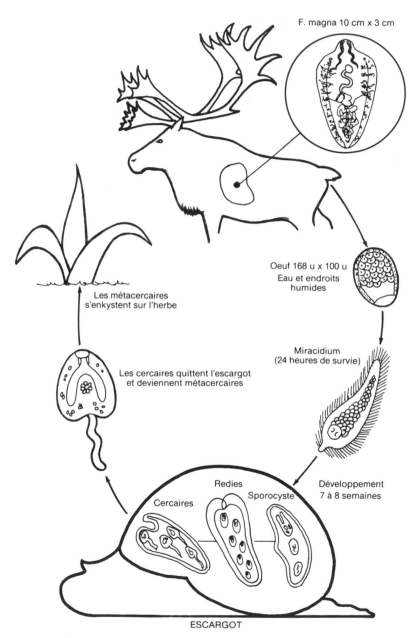

F. magna 10 cm x 3 cm

Oeuf 168 u x 100 u
Eau et endroits
humides

Les métacercaires
s'enkystent sur l'herbe

Miracidium
(24 heures de survie)

Les cercaires quittent l'escargot
et deviennent métacercaires

Développement
7 à 8 semaines

Redies

Sporocyste

Cercaires

ESCARGOT

**Figure 3.4    Cycle évolutif du *Fascioloides magna***

58

**a)**

*Photo 3.4 Fascioloides magna*, **communément appelé «douve du foie».**
**(a) En bas, le parasite est vu du dessus et en haut, de côté, où l'on voit bien**
**sa forme plate et mince qui s'apparente à la fois à une feuille d'arbre et à une**
**sangsue. (b) Foie parasité recueilli par un chasseur.**

**b)**

### Dictyocaulus viviparus

Le *Dictyocaulus viviparus* est un ver adulte qui se loge dans les poumons du caribou et en quantité telle que sa santé peut en être affectée (figure 3.5). Il ne présente aucun danger pour l'homme.

### Œdemagena tarandi

L'*Œdemagena tarandi* est très fréquent dans le Grand Nord (figure 3.6 et photo 3.5). La mouche adulte dépose ses œufs sur les poils; une larve sort de ces œufs, pénètre la peau et entreprend sa migration qui la conduira en février sur le dos de l'animal où elle

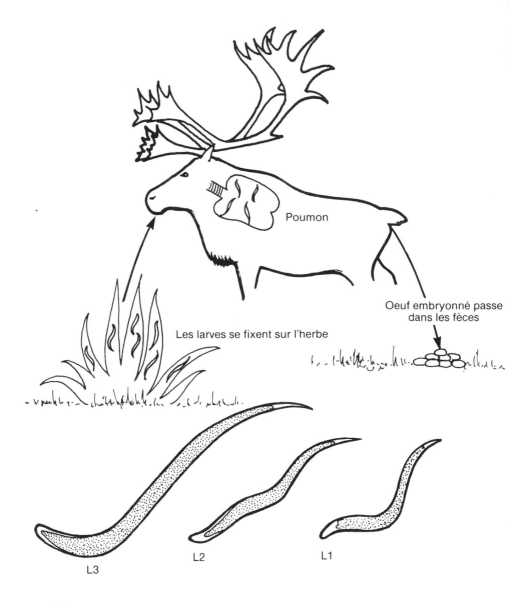

Poumon

Oeuf embryonné passe
dans les fèces

Les larves se fixent sur l'herbe

L3          L2          L1

**Figure 3.5   Dictyocaulus viviparus**

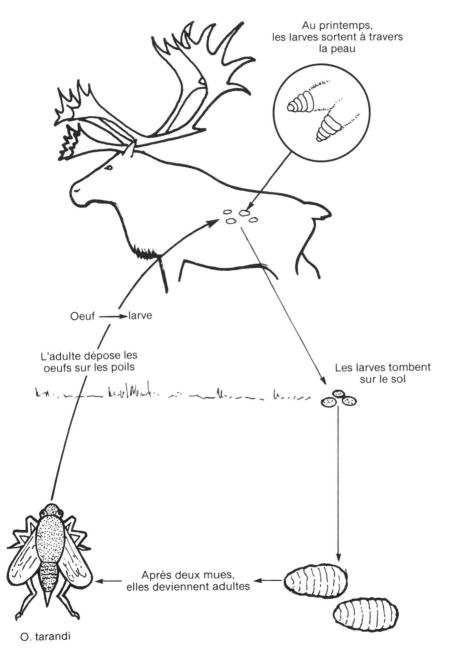

Au printemps,
les larves sortent à travers
la peau

Oeuf ——▶larve

L'adulte dépose les
oeufs sur les poils

Les larves tombent
sur le sol

Après deux mues,
elles deviennent adultes

O. tarandi

*Figure 3.6* **Oedemagena tarandi**

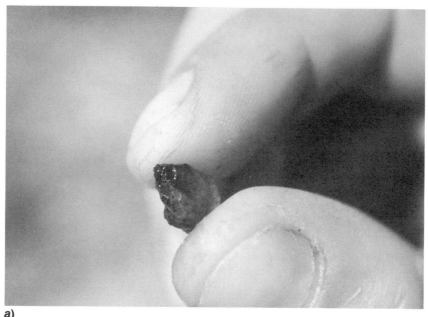

a)

Photo 3.5   (a) À l'état larvaire. Il est alors appelé «larve d'œstre».
(b) À l'état adulte, le parasite ressemble à un taon.

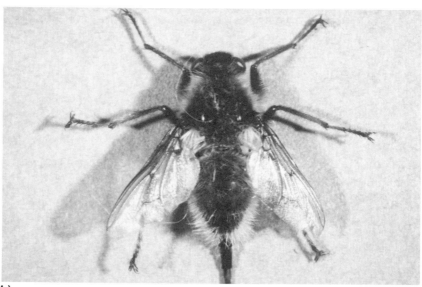

b)

se creusera un trou pour respirer; elle y restera jusqu'à la fin du printemps (juin).

À ce moment, elle tombera au sol, subira deux mues, deviendra adulte et recommencera à pondre. À ce stade, elle ressemble à un taon. Il nous a été donné de voir, au printemps 1980, une peau marquée de 400 à 500 cicatrices, indiquant qu'autant de larves y avaient séjourné durant l'hiver précédent; naturellement, en pareille circonstance, le cuir est inutilisable.

Ce parasite n'est visible à l'œil nu qu'au printemps.

### Cephenemia trombe

Le *Cephenemia trombe* a la particularité de se loger dans les fosses nasales du caribou. On le désigne d'ailleurs couramment sous le nom d'«insecte des narines» ou de «taon des narines». Étant donné sa localisation, une infestation de l'animal ne rend pas la viande impropre à la consommation. Il est très rare qu'un chasseur note la présence de ce parasite, car, durant la saison de chasse, celui-ci est au début de son développement. Il ne peut être observé qu'au printemps. À l'état adulte, il ressemble à un taon.

## La toxoplasmose

La toxoplasmose est une maladie parasitaire très fréquente, mais bénigne dans la très grande majorité des cas. Au Québec, 30 à 50% de la population humaine est susceptible de contracter cette maladie un jour ou l'autre. Toutes les espèces animales peuvent en être atteintes.

Dans la présente étude, un seul caribou a répondu positivement au test pour la recherche d'anticorps contre cette maladie. Un tel résultat ne permet pas de tirer de conclusion valable sur le sujet et la documentation de recherche ne cite aucun cas de toxoplasmose chez le caribou. Cette maladie est d'ailleurs très limitée dans les régions arctiques. Toutefois, les animaux migrateurs, principalement les oiseaux qui partent du sud des États-Unis constituent des sources de contamination possibles pour les prédateurs nordiques. Si ces derniers sont de la famille des canidés, leurs fèces peuvent contaminer le sol ou les pâturages.

L'humain peut s'infecter en mangeant de la viande insuffisamment cuite, en manipulant des animaux très infectés ou en ingérant des aliments contaminés par des oocytes provenant des chiens. En effet, ce parasite, qui se présente sous forme d'un kyste peut se retrouver dans les excréments de votre chien si vous avez l'imprudence, par exemple, de lui donner une pièce de viande sauvage crue; cette pratique est d'autant plus déconseillée que la contamination peut s'étendre à d'autres animaux domestiques ainsi qu'à vous-même.

Dans la grande majorité des cas, la maladie ne présente aucune manifestation.

On trouve souvent les mêmes types de parasites dans la viande sauvage, comme celle du caribou, et dans la viande d'animaux domestiques. Les dangers pour l'humain qui consomme la viande de caribou sont à peu près inexistants à condition d'être prudent. Une manipulation sanitaire et une cuisson suffisante constituent des éléments de prévention à mettre en pratique. De même, la congélation contribue à la destruction des parasites pouvant se trouver dans la viande.

En ce qui concerne l'état de santé du caribou et de la survie du cheptel, il n'y a pas lieu à ce moment-ci de s'inquiéter, mais on doit se pencher sur le sujet. En effet, les problèmes de santé, quels qu'ils soient, rendent les animaux sauvages vulnérables face aux prédateurs et aux obstacles de la nature.

# Chapitre 4
# La chasse en camping sauvage

Vous voulez vivre une expérience exceptionnelle lors d'une partie de chasse au caribou... Essayez le camping! Avec l'équipement moderne, cette façon de vivre devient de plus en plus facile et, surtout, plus confortable. Pêche, chasse, bonne camaraderie et équipement approprié, voilà un voyage qui promet d'être des plus agréables, à condition qu'il soit bien planifié.

Nous tenterons donc de vous livrer quelques suggestions pour le choix du matériel à apporter. Elles sont, en quelque sorte, le fruit de plusieurs voyages dans l'Ungava-Labrador.

## Quelques considérations

La topographie du Nouveau-Québec est tellement différente de nos forêts du sud, que nul ne peut s'y aventurer sans avoir au préalable pris connaissance de certaines exigences.

Votre itinéraire sera peut-être le suivant: l'automobile jusqu'à Sept-Îles, ensuite le train jusqu'à Schefferville, puis l'hydravion jusqu'au secteur de la rivière George, là où le caribou abonde. Quoi qu'il en soit, à moins d'avoir votre propre appareil, vous devrez retenir les services d'un transporteur aérien.

On n'improvise pas à la chasse au caribou. Cette région est certes grandiose, mais pour y survivre, on dépend entièrement du matériel que l'on a choisi d'emporter (photo 4.1). Il faut donc penser aux différents aspects d'un séjour de ce type: confort, sécurité, subsistance et activités diverses.

Par ailleurs, à cause des limites de bagages imposées par les compagnies aériennes, chaque article doit être pesé et mesuré. Informez-vous auprès de votre transporteur pour connaître la limite permise. Et veillez à n'apporter que le nécessaire.

Quelle que soit la saison, la température peut varier d'un extrême à l'autre. Ainsi, au cours d'une même journée, les mouches noires peuvent vous hanter, puis la neige et le vent vous empêcher de sortir (photo 4.2).

## La tente

Les nouvelles tentes légères, dites d'expédition, sont tout indiquées. Leur masse moyenne est de 3 kilogrammes, elles sont donc peu encombrantes. Confectionnées d'un nylon indéchirable, ces tentes sont toutes munies d'un double-toit, dont certains vont jusqu'au

*Photo 4.1* En camping sauvage, les chasseurs sont laissés à eux-mêmes pendant plusieurs jours après avoir été déposés par leur transporteur. Il faut donc avoir tout prévu...

sol. Pour en assurer l'étanchéité, il suffit de sceller les coutures du double-toit avec un produit imperméabilisant (offert en tube ou en petite bouteille avec applicateur). De même un fond sans couture et en forme de cuve vous protégera contre toute infiltration d'eau. Une bonne aération est primordiale: la tente doit avoir au moins une fenêtre moustiquaire anti-brûlots, en plus d'une moustiquaire à la porte, munie d'une fermeture à glissière (qu'on vérifiera avant le départ).

La plupart des tentes d'expédition possèdent une armature auto-portante (photo 4.3), ce qui réduit le nombre de piquets à installer et leur confère une meilleure stabilité. Étant donné la force des vents et la rareté des arbres dans la toundra, en plus de la dureté du sol, qui demeure gelé toute l'année sauf en surface, ce type d'armature comporte beaucoup d'avantages.

a)

*Photo 4.2* Ces deux scènes illustrent bien les conditions de vie rigoureuses de l'Ungava. Une bonne planification est de mise...

b)

Les tentes en tissu Gore-Tex sont encore plus légères et ne requièrent pas de double-toit. De plus, elles ne suintent pas sous la pluie ou la neige. Un seul inconvénient, leur prix est élevé.

Si la masse et l'encombrement du matériel sont secondaires, une grande tente, dite de prospecteur, est ce qui demeure le plus confortable. Mesurant de 2,5 mètres sur 3 mètres à 2,7 mètres sur 3,7 mètres, et fabriquée en coton égyptien, elle est munie d'un double-toit en nylon. L'armature doit être à la fois solide, à cause des vents forts, et légère à transporter. À la rigueur, des perches d'épinette peuvent être utilisées, mais ce travail de coupe est long et ardu car l'épinette noire est rare en plus d'être difficile à couper.

Pour loger deux personnes, on trouve aussi sur le marché des petites tentes en nylon (environ 3 kilogrammes) avec double-toit et parfois un vestibule qui peut servir à ranger bottes et bagages. Vous pouvez apporter en plus une grande toile de nylon en guise d'abri ou de cuisine. Pour trois personnes, une toile de 3 mètres sur 4 mètres au maximum (un kilogramme) est suffisante. Son armature doit bien sûr être légère et solide. (Des tubes télescopiques sont très pratiques.) On peut multiplier les usages de cet abri en le fermant avec des pièces de vinyle léger; il devient alors le complément idéal de la petite tente.

*Photo 4.3*  **Armature autoportante.**

# Le sac de couchage

L'achat d'un sac de couchage en est un sur lequel on ne doit pas lésiner. Une bonne nuit de sommeil au chaud et au sec ne peut qu'être bénéfique au chasseur et lui fera apprécier d'autant plus son séjour.

Parmi les nombreux modèles, le sac de couchage «trois saisons» semble l'idéal; il est à la fois léger et très chaud, et peut être utilisé à de très basses températures, environ −10°C et parfois moins dans certains cas. Le sac en duvet pèse 1,5 kilogramme et celui en fibres synthétiques, 2 kilogrammes. Le sac en forme de momie possède un capuchon qui ferme bien aux épaules et au cou.

En ce qui concerne les différents types d'isolants, les nouvelles fibres synthétiques sont souvent préférables au duvet, car celui-ci absorbe plus l'humidité et sèche lentement, alors que les autres sèchent rapidement et demeurent chaudes même mouillées. Les marques les plus connues sont: Polarguard, Hollofil II et Quallofil. Cette dernière est toute nouvelle au Québec et ses qualités calorifiques font qu'elle se compare avantageusement au duvet. À chaleur égale, le sac isolé en fibres synthétiques est toutefois plus volumineux.

Mais quel que soit votre choix, il est conseillé d'acheter un sac à sa mesure. De plus, détail très important concernant la confection des sacs, aucune couture ne doit traverser l'isolant de part en part du sac (les coutures doivent être décalées), sans quoi le froid s'infiltrera. Un sac dont la paroi extérieure est plus grande que la paroi intérieure (coupe différentielle) procure une meilleure isolation du fait que l'isolant n'est pas compressé.

Le sac de transport doit être imperméable et de préférence muni de courroies de compression qui permettent de diminuer le volume du sac de couchage. Enfin, une couverture de survie faite de parcelles d'aluminium tissées peut rendre d'inestimables services. Dans certains sacs de couchage, une couverture de ce genre est cousue entre les parois.

# Le matelas isolant

Indispensable, le matelas isolant assure un certain confort en plus de protéger contre le froid et l'humidité du sol. Le matelas en mousse à cellules fermées, sans doute le plus populaire, comporte

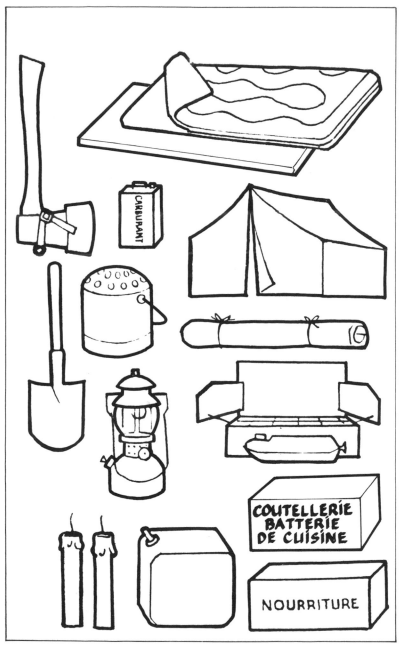

*Figure 4.1* Équipement de camping

le plus d'avantages. Offert en deux longueurs (60 po (1,50 m ) et (72 po (1,80 m)) et de masse négligeable, il ne se mouille pas, ne gèle pas et ne craque pas. Le matelas pneumatique n'est pas à conseiller: ses propriétés isolantes sont réduites car l'air du matelas demeure froid. De plus, il faut prendre le temps de le gonfler et il y a toujours un risque qu'il se dégonfle.

## Le matériel pour l'éclairage et la cuisson

Plusieurs articles sont essentiels pour préparer un feu dans les régions nordiques. D'abord une bonne hache (avec étui), ainsi qu'une petite scie munie d'une garde ne seront pas de trop pour venir à bout d'un bois qui est très dur. De plus, comme les feux sont parfois difficiles à entretenir, un petit réchaud et une lanterne alimentés au naphte peuvent être d'une grande utilité par mauvais temps ou pour agrémenter les longues soirées. Ce combustible, lourd et encombrant, doit être transporté dans des contenants étanches. Il faut prévoir un litre de naphte par jour si l'on compte utiliser les deux articles régulièrement. Pour deux campeurs, un réchaud à un élément devrait suffire.

## Le sac à dos

Tout le matériel énuméré dans le présent chapitre devrait tenir dans deux ou trois sacs à dos au maximum. Prenez de grands sacs qui se portent bien et dont le tissu et les sangles sont solides. Certains sont munis d'une courroie avec bande frontale, laquelle est d'une aide précieuse pour transporter le caribou au camp. Les nouveaux sacs avec armature intérieure, ceinture de taille et de poitrine sont résistants, légers et imperméables.

Pour les déplacements de jour, un petit sac à dos suffit à contenir les articles essentiels: imperméable, munitions, appareil photo ou caméra, gorp (noix, raisins et fruits secs ), chandail, gants, etc. Pour des raisons de sécurité, ce sac doit être de couleur fluorescente ou recouvert d'un dossard. De petites jumelles au cou, un «couteau suisse», un couteau à la ceinture, une carte et une boussole complètent cet attirail. Il est d'ailleurs très important de savoir utiliser ces deux derniers articles car le territoire de la toundra est vaste et l'on s'y perd facilement.

## Les vêtements

Bien se vêtir est le moyen le plus sûr de survivre dans le Grand Nord. Les expéditions dans des régions jadis ignorées sont devenues de plus en plus courantes et l'amateur de plein air peut maintenant trouver sur le marché des vêtements confortables et à l'épreuve des intempéries.

Les vêtements doivent être à la fois chauds et légers. Si la laine et le duvet ont encore leur place, les produits synthétiques présentent dans bien des cas des avantages marqués. Ils sèchent plus vite et demeurent chauds même mouillés. Il est important lors d'une partie de chasse de réduire au minimum le volume des bagages; le choix des vêtements doit donc être judicieux. Les articles énumérés ci-après vous permettront de faire face à toutes les situations:

— Quatre paires de bas: deux en fibres synthétiques et deux en laine.

— Quatre sacs de polyéthylène. Enfilés sur le bas en fibres synthétiques, ils empêchent la transpiration de traverser les bas extérieurs (laine).

— Des bottes en cuir isolées, soit des bottes de randonnée, soit des bottes «de travail». Les bottes de caoutchouc avec du feutre à l'intérieur et, de préférence, avec des semelles à grosses empreintes conviennent également.

— Les nouveaux sous-vêtements en polypropylène laissent évaporer la transpiration. Par contre, le coton devient froid dès qu'il est humide. Quant à la laine, elle comporte toujours de grands avantages car elle conserve sa valeur isolante même une fois humide.

— Un bon chandail de laine à col roulé, une chemise de chasse en laine et nylon avec plusieurs poches, et un anorak de duvet ou de fibres synthétiques.

— Il est essentiel d'avoir un pantalon chaud dont le tissu respire. À la rigueur, la culotte d'imperméable peut, avec un bon sous-vêtement, servir de deuxième pantalon. Des guêtres en nylon imperméable permettent de garder les bas de pantalon secs.

— Le port du dossard est obligatoire. Pour plus de commodité, on peut en fixer un sur la chemise et un autre sur l'anorak. Un dossard de plastique peut suffire pour recouvrir un sac

*Figure 4.2*   **Vêtements**

75

à dos, mais pour des vêtements, il est recommandé de se procurer des dossards en tissu.

— Une tuque pour dormir, un chapeau ou une casquette de chasse, des gants, des mitaines et un bon imperméable deux-pièces complètent cette garde-robe. Les imperméables fabriqués en tissu Buckflex sont parmi les plus pratiques: légers, résistants et souples, ils sont aussi parfaitement étanches.

## La nourriture

Il faut compter tous les repas du voyage (trois par jour) et établir les menus à l'avance. À la chasse, le repas du midi se compose généralement d'un sandwich et d'un peu de gorp (noix, raisins et fruits secs).

Les mets déshydratés peuvent être d'un grand secours; présentés en sachets scellés, ils sont légers, nourrissants et faciles à préparer. Pour terminer, mentionnons qu'il est prudent d'apporter de la nourriture pour trois jours de plus que la durée prévue du voyage.

## Conseils pratiques

- Un petit oreiller en Hollofil peut ajouter au confort.
- Des vêtements légèrement humides maintenus à l'intérieur du sac de couchage pour la durée de la nuit seront secs le lendemain matin.
- Dresser si possible la tente à l'abri du vent et orienter la façade à l'est.

## Liste du matériel

La liste qui suit constitue un inventaire complet du matériel nécessaire pour une expédition de chasse.

### Équipement de camping

- tente et double-toit pour deux personnes (3 kg)
- double-toit pour la cuisine (1 kg)
- sac de couchage (3 saisons) en duvet ou en fibres synthétiques (2 kg)
- matelas en mousse à cellules fermées (0,3 kg)
- chaufferette
- réchaud

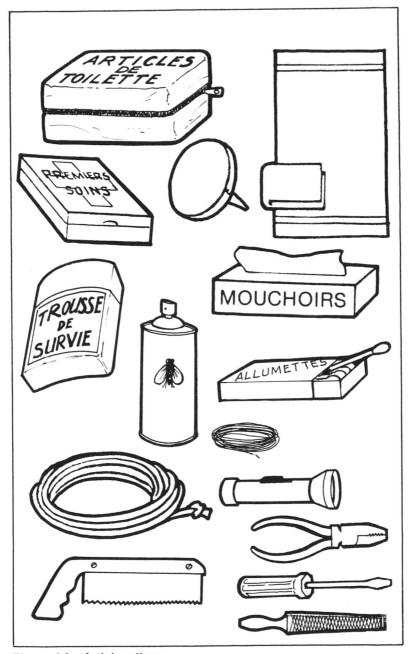

*Figure 4.3*  **Articles divers**

77

- fanal
- chandelles
- carburant
- pelle
- petite hache
- coutellerie et batterie de cuisine
- articles de cuisine complémentaires (papier essuie-tout, linge à vaisselle, paille de fer, savon à vaisselle, etc.)
- contenant pour l'eau
- gros sac à dos
- petit sac à dos

## Vêtements

- manteau
- anorak isolé
- chemises et chandails de laine
- 2 paires de pantalons
- ceintures
- 4 paires de bas
- 2 sous-vêtements
- cuissardes
- bottes
- semelles de feutre
- gants
- chapeau, casquette ou tuque
- pantalon et veste imperméables
- dossard

## Articles divers

- articles de toilette (brosse à dents, dentifrice, crème pour les lèvres, savon, crème protectrice pour la peau, etc.)
- serviettes et débarbouillettes
- miroir
- papiers-mouchoirs
- trousse de premiers soins
- trousse de survie
- insectifuge

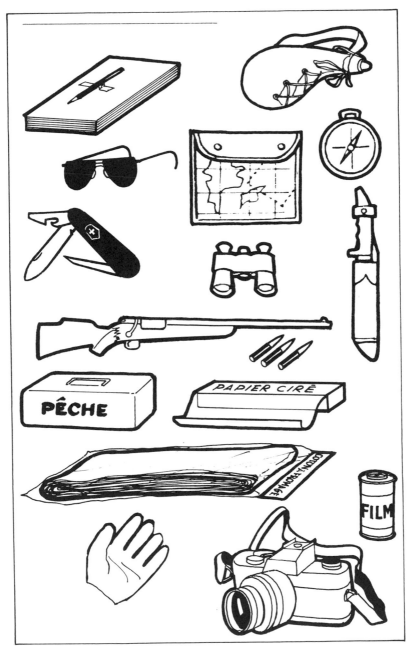

*Figure 4.4*   **Articles divers**

- allumettes
- corde de nylon
- fil de laiton
- lampe de poche
- petit tournevis et pinces
- lime
- petite scie
- papier et crayons
- gourde
- boussole
- carte
- verres fumés
- couteau de poche (suisse)
- couteau de chasse
- jumelles
- carabine et munitions
- articles de pêche
- papier ciré (pour l'emballage dans des boîtes)
- sacs de coton à fromage (pour protéger la viande)
- gants chirurgicaux (pour l'éviscération)
- appareil photo et films

**Nourriture**
- sel et poivre
- pain
- miel
- beurre ou margarine
- lait en poudre
- thé et café
- sucre
- biscuits
- huile
- crêpes
- jambon
- rôti de porc
- bacon
- soupe en sachets

# Chapitre 5

# Ne pas y laisser votre peau

Les conseils qui suivent sur la façon de traiter les affections mineures de la peau ne vous immuniseront certes pas contre les inconvénients de la vie en plein air. Ils vous rendront toutefois la vie plus facile, et ce qu'il s'agisse d'une partie de chasse au caribou ou de toute autre expédition dans la nature. En cas de complications, mieux vaux consulter un médecin dès votre retour.

Il faut être prêt à toutes les éventualités. L'amateur de plein air qui adopte une tenue vestimentaire adéquate et qui a acquis une bonne connaissance de la flore, de la faune et des conditions atmosphériques pouvant être sources de problèmes est déjà sur la bonne voie. Cependant, il doit aussi avoir une trousse de premiers soins, du savon, un antiseptique, un onguent antibiotique, de la calamine et une lotion de bronzage (pour protéger la peau).

## Les morsures et piqûres d'insectes

Les morsures et les piqûres d'insectes sont, pour la plupart, sans gravité. Néanmoins, mouches noires, brûlots, moustiques, taons et autres insectes (figure 5.1) peuvent gâcher votre séjour en plein air, les démangeaisons qu'ils provoquent étant extrêmement désagréables.

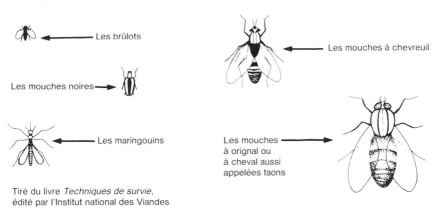

Tiré du livre *Techniques de survie,* édité par l'Institut national des Viandes

***Figure 5.1*** **Les mouches et les moustiques**

La meilleure prévention contre l'attaque de ces insectes est un bon insectifuge. Les plus récentes études ont démontré que les produits contenant du diéthyltoluamide (DEET) sont les plus efficaces; consultez l'étiquette. Le secret consiste à en mettre souvent mais peu à la fois. Il est aussi recommandé de porter des vêtements amples mais bien refermés aux chevilles et aux poignets. Si les insectes sont particulièrement nombreux, il se peut que vous ayez besoin d'un protecteur pour le visage.

Les morsures d'insectes sont rarement graves et les soins apportés ne visent qu'à calmer les irritations et les démangeaisons. L'application de calamine sur la région affectée règle généralement le problème.

## Les insectes piqueurs

Contrairement aux moustiques et aux mouches noires, les insectes piqueurs ne vous attaqueront que s'ils se sentent menacés. Il est donc relativement facile d'éliminer ce danger: il suffit de se tenir à l'écart de leurs nids et aussi de l'endroit où ils ont l'habitude de s'alimenter.

Si un taon (mouche à chevreuil) se pose sur vous ou tourne autour de votre tête, n'essayez pas de l'éloigner en faisant de grands gestes brusques. En demeurant tranquille, vous augmentez les chances que l'insecte parte de lui-même.

Tous les produits parfumés attirent les insectes, c'est pourquoi il est préférable de ne pas utiliser de lotion à barbe, de savon parfumé, de parfum, de fixateur à cheveux, etc., lors de votre excursion. Dans le même ordre d'idées, il n'est pas conseillé de porter des chemises aux motifs fleuris ou des vêtements aux couleurs flamboyantes qui, aux yeux des insectes, vous donnent l'apparence de belles grosses fleurs. Les couleurs les plus sûres sont le blanc mat, le vert, le chamois et le kaki.

Si malgré tout vous vous faites piquer, il en résultera une douleur vive suivie d'une enflure et d'une irritation. Pour traiter une piqûre d'insecte, il faut d'abord savoir à quelle catégorie il appartient. Les guêpes et les frelons ne laissent généralement pas leur dard dans la peau de leur victime. Par contre, le dard de l'abeille est barbelé et demeure dans la peau avec le venin; il est donc inutile d'essayer de le retirer avec les ongles ou avec de fines pinces. Cette opération ne ferait qu'infiltrer le venin plus profondément. Il est préférable d'enlever l'aiguillon en grattant avec un couteau peu aiguisé tout en exerçant une pression vers le bas. Habituellement, cette technique prévient une accumulation additionnelle de venin dans les pores de la peau.

Une fois l'aiguillon enlevé, soignez la région avec un pansement humide (enduit de sel d'epsom ou d'une pâte faite de bicarbonate et d'eau). Appliquez de la glace sur la région irritée et humectez avec de la calamine toutes les 3 ou 4 heures.

## Les éléments naturels

Les précautions que vous devez prendre pour protéger votre peau ou pour la soigner changent selon les saisons. Dans la toundra, celles-ci peuvent se chevaucher dans l'intervalle de 24 heures... Tous les amateurs de plein air savent que les coups de soleil sont aussi dangereux en hiver qu'en été, et que le corps est exposé aux gelures sous de basses températures.

## Les gelures

Les gelures sont plus qu'une détérioration des tissus par le froid. Si une gelure n'est pas soignée, elle peut s'aggraver, provoquer une gangrène et même mener à une amputation. Il est donc important de savoir ce qui doit et ne doit pas être fait dans ces conditions.

Voyons d'abord les symptômes. La peau rougit au froid mais dans les cas de gelures, elle devient blanche et prend même une teinte jaune verdâtre. La plupart du temps, la douleur initiale fait place à l'engourdissement. Une personne peut donc, sans s'en rendre compte, avoir le nez, les oreilles ou les joues gelés. C'est pourquoi il est prudent de surveiller son compagnon afin de déceler chez lui le moindre signe de gelure. Dans le cas des doigts et des orteils, rappelez-vous que l'engourdissement est un premier signe de danger.

Voici quelques conseils à mettre en pratique en cas de gelure:

— Réchauffer la région atteinte en la pressant contre une autre partie du corps qui est plus chaude.

— Faire tremper la région affectée dans de l'eau dont la température varie entre 43° et 45°C (110° à 114°F). De l'eau trop chaude endommagerait les tissus davantage.

— Si vous n'avez pas de thermomètre, vérifier la température de l'eau en trempant votre coude dans le récipient.

— Ne pas frictionner le membre gelé. Une gelure est une détérioration des tissus et ceux-ci n'ont plus la même résistance; une friction pourrait donc faire plus de tort que de bien.

— Ne pas essayer de dégeler un membre en le chauffant près d'un feu: la peau engourdie ne sent pas la chaleur et cette chaleur extrême risque de créer des complications (brûlure très grave).

— Ne pas frictionner avec de la neige ou de la glace.

— Ne pas boire d'alcool et cesser de fumer. L'alcool et la nicotine contractent les artères, ce qui ralentit la circulation sanguine.

## L'herpès labial (feu sauvage)

Plus connu sous le nom de feu sauvage, l'herpès labial est un des problèmes qui peut résulter d'une trop grande exposition au soleil. Dans certains cas, l'herpès labial peut s'accompagner d'autres symptômes, par exemple un choc traumatique, des problèmes respiratoires et des tensions émotionnelles. Outre les lèvres, il est possible qu'il y ait éruption d'herpès sur d'autres parties du corps.

Le chloroforme et l'éther sont souvent employés dans le traitement de l'herpès. Il suffit d'appliquer l'une ou l'autre de ces substance sur la région affectée, en prenant soin de ne pas la respirer. Un peu de glace ou de neige maintenue sur la partie enflammée durant 5 à 10 minutes peut accélérer la cicatrisation. Vous pouvez aussi utiliser de la calamine.

## Les coups de soleil

Dans certaines conditions et pour certaines personnes à la peau sensible, le soleil peut devenir un des pires ennemis de la peau. Premier effet d'une trop grande exposition aux rayons solaires, le coup de soleil est irritant et désagréable et il est donc sage de prendre quelques précautions.

Si vous avez la peau sensible ou si vous n'avez pas eu l'occasion de vous exposer au soleil durant l'été, l'utilisation d'une lotion solaire contenant un filtre (la plupart des dermatologues conseillent le paba) vous aidera à ne pas «brûler». Sachez que l'huile de cacao, de coco et l'huile pour bébé ont toutes échouées au test de filtre solaire.

Pour un simple coup de soleil, vous pouvez utiliser un onguent ou une crème. Si la brûlure est plus sérieuse, il est recommandé d'appliquer des compresses d'eau froide.

# Les brûlures

Un feu de camp, une explosion de carburant, une allumette, entre autres, peuvent causer des brûlures plus ou moins graves. Une brûlure au premier degré occasionne une légère douleur et des rougeurs. Au deuxième degré, la brûlure cause une détérioration des tissus.

Traitez les brûlures mineures avec des compresses froides et un onguent antibiotique. Les brûlures plus graves requièrent les traitements d'un spécialiste et des premiers soins appropriés. Faites d'abord tremper la région atteinte dans de l'eau froide. Dès que la blessure est refroidie, enlevez les vêtements qui se retirent facilement. Si les vêtements collent à la peau, ne tirez pas; laissez ce travail au médecin. Afin de réduire les risques d'infection, couvrez la lésion avec un pansement stérile ou du moins avec un linge propre. N'appliquez jamais de graisse, de beurre ni de margarine sur une brûlure, encore moins de l'onguent ou de la lotion sur une brûlure grave.

# Les coupures et égratignures

La vie au grand air augmente les risques de coupures et d'égratignures et vous devez être préparé pour remédier à ces problèmes.

Il faut d'abord laver la région irritée avec du savon et de l'eau de façon à prévenir les risques d'infection. Vous pouvez appliquer une fine couche de crème ou d'antiseptique. La calamine pourra aider la cicatrisation des blessures.

# Mieux vaut prévenir...

Pour être prêt à toute éventualité, ne laissez rien au hasard. Soyez convenablement vêtu et surtout n'oubliez pas d'inclure dans vos bagages votre trousse de premiers soins ainsi que tous les articles essentiels pour vous protéger et vous soigner. La prévoyance, dans une expédition telle que la chasse au caribou, a plus que jamais sa place.

# La carabine

La chasse au caribou est relativement nouvelle et il reste beaucoup à expérimenter si l'on veut trouver réponse à chacune des questions que se posent les chasseurs. Nous en savons cependant assez pour éviter certaines erreurs quant au choix des armes et des divers accessoires ordinairement utilisés; mires, télescopes, etc.

Avec une bonne connaissance des régions habitées par le caribou, il sera plus facile de choisir le calibre des armes et des projectiles propres à ce genre de chasse. Dès lors, pour se munir des meilleurs outils, il convient de se familiariser avec toutes les exigences de cette chasse et de les respecter.

## Le choix de l'arme

Le caribou est un cervidé de taille moyenne. En effet, il mesure environ 1,35 mètre et dépasse rarement les 200 kilogrammes. Son comportement est grégaire, il fréquente surtout les espaces découverts et, curieux, il se laisse approcher facilement. Une arme de calibre moyen devrait donc suffire.

Les territoires où vivent les caribous sont situés aux limites de la forêt boréale, et la température, particulièrement vers la fin de la saison de chasse, peut être assez froide. Il importe donc d'avoir une arme dont le mécanisme est sûr. Les armes semi-automatiques (figure 6.1), sensibles aux basses températures et aux mauvaises conditions atmosphériques, sont moins fiables pour chasser dans le nord du Québec.

Retenons bien que le caribou est habituellement calme (en cela il diffère beaucoup du chevreuil). Il ne s'effraie pas au moindre bruit ou au moindre mouvement. Les cas où l'on doit viser une bête agitée et à la course sont en général assez rares.

## Le mécanisme

C'est vraiment la première balle qui compte. Le mécanisme à verrou (figure 6.1 et photo 6.1) est certes un choix approprié. Sa robustesse et sa simplicité de fonctionnement le rendent infaillible. En outre, le verrou peut être retiré de la boîte de culasse sans l'aide d'outils; le tout étant d'un seul tenant, il n'y a aucun danger de perdre quoi que ce soit. Finalement, il n'est aucunement besoin d'un équipement d'armurier: aucun enrayage et aucune introduction de saleté.

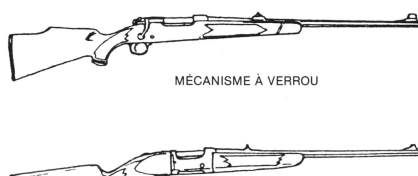

MÉCANISME À VERROU

MÉCANISME À LEVIER

MÉCANISME À COULISSE

MÉCANISME SEMI-AUTOMATIQUE

*Figure 6.1* **Types de carabines**

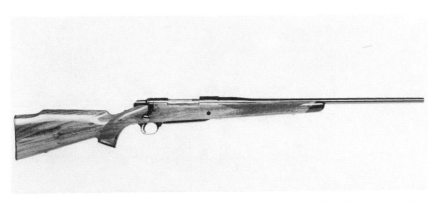

*Photo 6.1* **Mécanisme à verrou. Ci-dessus, un modèle BBR de Browning offert dans plusieurs calibres populaires dont le .30-06, le .270 et le 7 mm.**

Le mécanisme à coulisse (figure 6.1 et photo 6.2) est le choix d'un certain nombre de chasseurs. Son avantage principal est sa rapidité, mais il est aussi d'une grande fiabilité dans le contexte nordique.

Le mécanisme à levier (figure 6.1 et photo 6.3) est pour sa part très apprécié d'un grand nombre de chasseurs. Pour un habitué, il est rapide et efficace.

### Le nombre d'armes

Dans la toundra québécoise, toutes les communications se font par avion. On est vraiment loin de tout et il est toujours possible qu'une arme se brise. Il serait donc sage, dans la mesure où les limites de bagages établies par les compagnies aériennes le permettent, d'emporter une deuxième arme.

### Le calibre

Les goûts sont variés et les discussions nombreuses quant au choix du calibre des armes et des projectiles à utiliser. Notre expérience, nos connaissances en balistique et les données de plusieurs laboratoires spécialisés nous font recommander une arme de calibre moyen. Le gibier n'est pas vraiment gros et on peut souvent s'en approcher à 300 et même à 200 mètres sans qu'il bouge. Il est donc inutile d'utiliser un gros calibre pour tirer de si près sur une cible souvent immobile. Les calibres populaires .30-06, .270 et .308, entre autres, font donc très bien l'affaire.

95

*Photo 6.2* Carabine à coulisse de marque Remington, de calibre .270 (modèle 6) avec télescope Weaver Micro-Trac, 2,5X-7X.

*Photo 6.3* Mécanisme à levier. Ci-dessus, un modèle BLR de Browning offert dans des bons calibres pour le caribou tels le .308 et le 7 mm-08.

## Le projectile

Comment choisir le projectile? En fonction de la cible. Et comme le caribou n'est pas des plus robustes — sa cage thoracique ne dépasse pas 60 centimètres et ses côtes ont tout au plus un centimètre d'épaisseur — il n'est aucunement besoin d'un boulet.

Un projectile d'environ 150 grains, dont le bout est résistant, pointu et léger pour une trajectoire la plus plane possible, constitue un très bon choix. Évidemment, il s'agit de balles d'excellente qualité. Les munitions bon marché sont à déconseiller: leurs performances sont parfois irrégulières. Les balles trop légères (130 grains) ne sont pas plus indiquées car elles peuvent éclater au contact de la peau du caribou et causer une blessure superficielle qui ferait souffrir l'animal inutilement. Bien entendu, le chasseur qui recharge ses propres munitions y gagne en économie, en qualité et en précision.

Nous n'insisterons jamais assez sur l'exercice, qui vous permet non seulement de vous familiariser avec votre arme, mais aussi de connaître la trajectoire de votre balle. À ce propos, le docteur Benjamin Simard préconise l'utilisation de la même balle de façon constante (même type et même marque), avec une préférence marquée pour la 150 grains, soutenant qu'elle convient à tous les gros gibiers du Québec. M. Simard suggère de s'entraîner à des distances précises (100 vg., 150 vg., 200 vg., etc.)* et de vérifier les tables de balistique afin de visualiser la trajectoire de la balle dans différentes situations de chasse. Pour M. Simard, ce préparatif revêt une très grande importance pour la chasse au caribou.

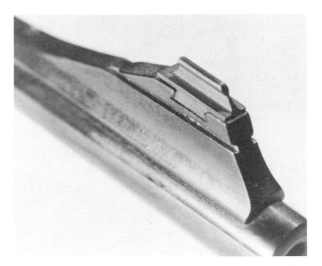

*Photo 6.4* **Une excellente mire à bouton; elle est montée sur un pied de guidon.**

## La mire

La distance et la taille de l'animal commandent une mire à pointe plutôt mince et délicate (photo 6.4). Celle-ci permet de bien viser la cible et on élimine ainsi tout risque d'imprécision visuelle. La mire

---

* Les distances relatives à l'ajustement des armes inscrites sur les tables de balistique relèvent encore du système impérial.

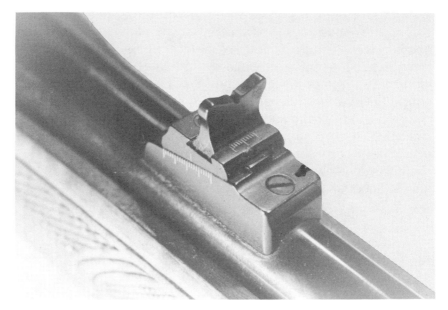

*Photo 6.5* **Mire arrière ajustable, soit en dérive, soit en élévation. Selon plusieurs experts, c'est le seul type de mire valable. Une fois ajustée, la mire doit être vissée solidement afin d'être bien fixe.**

arrière (photo 6.5) doit être facile à mettre au point. Les mires fixes sont préférables à celles que l'on peut plier ou escamoter. La mire escamotable se dresse sur un pivot qui, malheureusement, résiste mal aux secousses d'une expédition, et puis il suffit d'une «poussière» pour qu'elle ne puisse prendre sa position verticale parfaite.

Sur le plan de la robustesse et de l'entretien, la mire ouverte l'emporte sur le télescope.

## Le télescope

Le choix du télescope doit se faire avec beaucoup de jugement. Même d'excellente qualité, cet instrument demeure fragile et capricieux. Son utilisation demande une certaine expérience ou tout au moins un entraînement minimal, sans quoi le novice ne fera que multiplier ses problèmes.

La puissance de grossissement de la lentille est indiquée par un code. Le chiffre suivi de la lettre X donne le nombre de fois que la cible est grossie. Par exemple, avec une lentille 4X, un objet qui se trouve à une distance de 100 mètres semble n'être qu'à 25 mètres.

Différents aspects sont à considérer dans le choix de cet appareil: la lumière, qui influe sur la clarté de l'image; le champ de vision, qui doit être le plus large possible sans toutefois créer de distorsion. La renommée du fabricant et la garantie qu'il offre sont également des éléments dont il faut tenir compte au moment de l'achat d'un télescope.

Si vous possédez déjà un télescope, il se peut fort bien qu'il convienne pour la chasse au caribou. Une chose est certaine, un télescope approprié est un gage de réussite. Existe-t-il un grossissement idéal? Le télescope doit-il être de grossissement fixe ou variable?

Examinons tout d'abord le télescope à grossissement fixe. Celui-ci a l'avantage d'être moins lourd, moins gros et aussi moins cher à qualité d'optique égale. Les grossissements les plus courants vont de 1,5X à 12X. Le 4X par exemple permet le tir à distance moyenne sur un caribou dans la toundra.

Le télescope à grossissement variable (photo 6.6) a évidemment l'avantage de s'adapter à un plus grand nombre de situations. Les plages de grossissement les plus populaires sont: 1,5X-5X, 2X-7X et 3X-9X. Pour plusieurs chasseurs, le 2X-7X apparaît comme

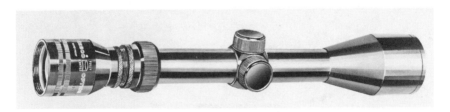

*Photo 6.6* **Télescope à grossissement variable 2X-7X. Ci-dessus, un Tasco, modèle 1626 V. À une distance de 90 mètres, ce télescope permet un champ de vision de 17 mètres à 2X et de 5 mètres à 7X. Il s'agit d'un télescope à grand angle avec un objectif de 32 mm.**

un très bon choix. En effet, vous pouvez ainsi faire d'une pierre deux coups car en plus de vous permettre de faire face à la plupart des situations de chasse au caribou en terrain découvert, ce grossissement, surtout s'il s'agit d'un objectif grand angle (figure 6.2), vous est utile pour le tir du chevreuil à courte distance dans les boisés assez denses. De nos jours, cette considération a son importance.

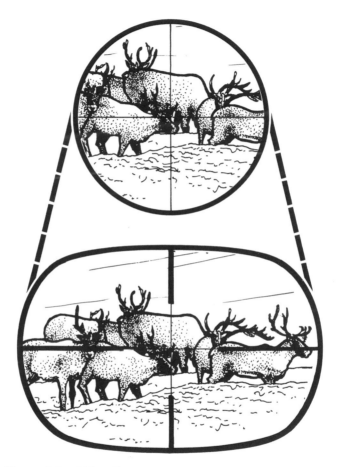

*Figure 6.2* **Objectif grand angle**

Vous devez aussi tenir compte de vos qualités de tireur, ce qui n'est pas toujours facile à faire en toute objectivité. Rares sont les chasseurs réellement préparés au tir à longue distance. Il vaut souvent mieux s'approcher, si la situation s'y prête, que de rater un trophée tiré de trop loin.

Autre élément important: rappelez-vous que plus un télescope est puissant, moins le champ de vision est large. Cet instrument et votre arme doivent être de dimensions équilibrées.

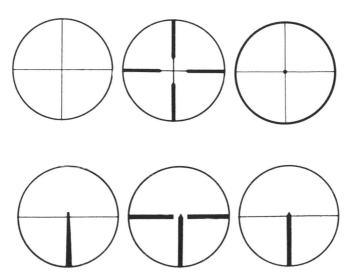

*Figure 6.3* **Modèles de réticules**

En ce qui a trait au réticule (figure 6.3), la simple croix s'utilise encore beaucoup. Cependant, la croix dotée de larges barres de repère à sa base, minces au centre du réticule, est devenue le modèle le plus populaire. Sa facilité d'alignement sur la cible est remarquable. Le réticule avec «poteau» est valable, mais à une grande distance il présente un désavantage: le poteau obstrue la cible et le tir de précision devient extrêmement difficile.

**La monture**

Un bon télescope n'aura d'utilité que s'il est fixé sur une monture appropriée. Parmi les différents types de monture qui existent, les plus courantes sont les régulières, les détachables, les basculantes et les «see-thru» (figures 6.4 et 6.5). Le modèle régulier est fixe mais assure une bonne stabilité. Par contre, il ne permet pas, comme les autres, d'utiliser les mires ouvertes si le télescope devient inutilisable temporairement (à cause d'intempéries par exemple).

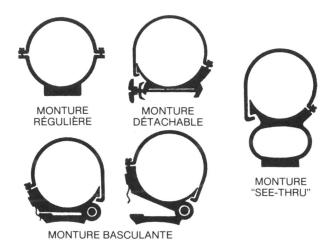

MONTURE RÉGULIÈRE

MONTURE DÉTACHABLE

MONTURE "SEE-THRU"

MONTURE BASCULANTE

*Figure 6.4*    **Modèles de montures**

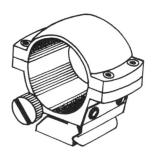

*Figure 6.5*    **Modèles de montures**

La monture détachable ne permet pas de passer très rapidement à l'utilisation des mires ouvertes. Toutefois, elle peut être replacée sur sa base exactement dans la même position chaque fois, à l'aide de petits leviers de barrure ou de grosses vis de serrage. L'ajustement conserve ainsi toute sa précision.

La monture basculante est rapide, mais il faut bien s'assurer qu'il n'y a pas de saletés, de brindilles ou quoi que ce soit entre la base et la monture, pour que les deux soient parfaitement intégrées; sinon, la précision en sera très affectée. Plusieurs chasseurs optent pour la monture «see-thru» parce qu'elle permet d'aligner les mires ouvertes sous le télescope. Ce mouvement se fait en un clin d'œil; il faut cependant lever la tête pour bien voir dans la lunette car on ne peut plus alors appuyer la crosse sur la joue. Cette position de tir n'est pas naturelle et le risque de perdre de la stabilité, et donc de la précision, est grand.

Rappelez-vous que peu importe le type de télescope que vous choisirez, il ne vous sera d'une aide précieuse que s'il est bien monté sur l'arme. Un télescope en bonne position devrait vous permettre d'aligner votre œil assez rapidement tout en ayant une image complète dans l'optique. Il doit être monté le plus près possible de l'arme (sans lui toucher), soit à environ 10 centimètres de l'œil. Le dégagement oculaire mérite une attention particulière, car il peut varier légèrement d'un individu à l'autre.

**Le soin des armes**

Un examen minutieux de ses armes avant le départ évitera bien des déceptions, surtout quand on rêve de rapporter un trophée. Tout ajustement d'arme doit d'ailleurs être fait avec les mêmes munitions que celles qui sont utilisées lors de la chasse proprement dite.

Ce sera un long voyage! La carabine doit être à l'abri des chocs, surtout si un télescope y est fixé. Il faut aussi compter avec les intempéries, le transport en avion et le maniement brusque des bagages. Un étui dur d'excellente qualité est donc indispensable (photo 6.7).

Une carabine, c'est comme un habit: elle doit être à votre mesure. Il est donc essentiel d'être à l'aise avec votre arme, que vous choisissiez d'utiliser ou non un télescope.

Les difficultés d'alignement sont fréquentes. La crosse peut être trop longue ou le télescope pas assez rapproché de votre œil. Dans

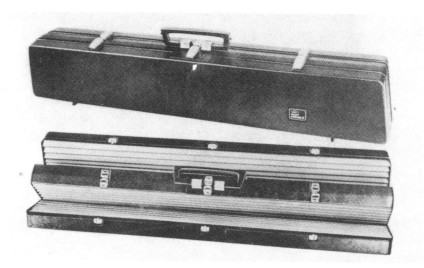

*Photo 6.7* Un étui rigide est indispensable pour la chasse au caribou: il protège l'arme lors du transport et évite tout désajustement, particulièrement si celle-ci est munie d'un télescope. Le modèle ci-dessus contient deux armes, bien isolées l'une de l'autre.

de tels cas, n'hésitez pas à consulter un armurier réputé. Il saura vous conseiller et, le cas échéant, procédera à des modifications ou des ajustements sur votre arme. Quand vous serez à l'aise, vous deviendrez confiant. Et la confiance, c'est votre meilleure arme!

# L'arc

Abattre un caribou à l'aide d'un arc et de flèches tient de la prouesse! Quand on a passé six jours à chasser sans tirer une seule flèche, on se rend compte de toutes les difficultés que cela comporte. Avec un arc, on connaît maintes déceptions, de rares occasions et quelquefois seulement un triomphe, mais quel défi!

## Conseils de base

Voici d'abord quelques conseils à l'intention des chasseurs à l'arc qui en sont encore à leurs premiers essais. Il ne faut pas décider une semaine avant la partie de chasse de tenter sa chance avec un arc: toute la bonne volonté ne vaudra pas un été d'entraînement méthodique.

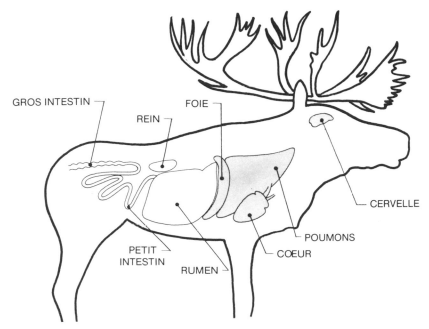

*Figure 6.6* **Les points vitaux chez le caribou**

Si vous éprouvez une certaine difficulté à bander votre arc, même à la tension minimale, vous avez tout avantage à renforcer votre musculature. Dans le livre *l'Orignal*, édité par l'Institut national des Viandes, Georges Aumais suggère un exercice simple et efficace (figure 6.7). Placez une main sur le siège d'une chaise et, de l'autre main, soulevez une masse d'un peu plus de la moitié de la charge maximale que vous pouvez soulever. Faites le mouvement en souplesse, comme si vous tendiez un arc et maintenez la masse cinq secondes près du point d'ancrage. Recommencez l'exercice dix fois par séance, trois à cinq fois par semaine, et ce des deux côtés. Augmentez la charge si nécessaire.

Fréquenter un club de tir à l'arc offre aussi plusieurs avantages. Le fait de commencer l'entraînement par quelques leçons avec un moniteur évite souvent au débutant de contracter de mauvaises habitudes difficiles à corriger par la suite. Il est parfois possible de louer des accessoires de tir, ce qui permet d'essayer différents types

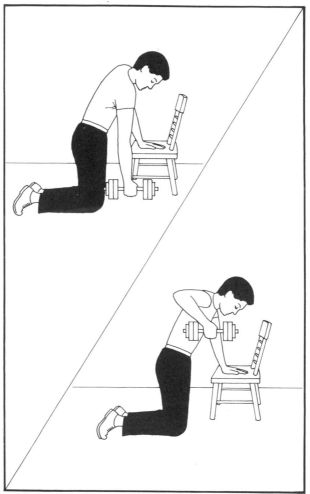

*Figure 6.7* **Conditionnement physique**

d'arcs avant de faire son choix. Enfin, il peut être encourageant de travailler avec d'autres et de comparer les progrès de chacun.

Le futur chasseur à l'arc croit souvent, à tort, qu'il peut s'entraîner dès le début sur des cibles à différentes distances. Il est préférable de débuter en visant la même cible à une distance fixe afin de vous familiariser avec l'arme et les différents mouvements de base. Dès que vous serez à l'aise, vous pourrez vous exercer sur des cibles à différentes distances. Quand vous aurez obtenu des résultats satisfaisants, vous pourrez alors troquer le champ de tir pour un parcours.

Dans un très grand nombre de clubs, on a aménagé des parcours pour simuler l'atmosphère d'une vraie chasse. On dispose, en différents endroits d'un circuit, une cible représentant généralement un animal. La distance qui sépare le chasseur de la cible varie d'un point à un autre. On peut donc procéder à différents essais dans des conditions assez semblables à celles de la chasse véritable.

La suite logique de ces différentes étapes est l'achat d'un arc, puis un entraînement des plus assidus sur une cible où sera représenté un gros animal orienté de diverses façons: de face, de côté et sous différents angles. Ces exercices sont très importants car plus d'un tireur est pris au dépourvu devant une cible en mouvement. Il doit aussi apprendre à varier l'altitude de son tir et à viser en tout temps la zone vitale.

**L'arc de chasse**

Les arcs modernes, dont la puissance varie entre 50 et 70 livres *, sont tout indiqués pour la chasse au gros gibier. De plus, grâce au perfectionnement des instruments, on peut obtenir avec un même arc des tirs de puissances variées. Évidemment, il y a certaines règles à respecter quant au choix de la pression de l'arc.

Elle doit se faire en tenant compte du maintien de l'arc, sinon la flèche filera à faux. En effet, chaque arc présente un point idéal, situé entre les forces minimale et maximale, d'où l'on peut tirer doucement, tenir fermement et relâcher nettement la flèche: elle respectera la trajectoire choisie et le tir sera précis. En général, ce point se situe au bas de l'échelle des forces, à environ 50 livres. De plus, après y être arrivé, il est préférable de s'exercer pendant quelque temps avant d'augmenter la puissance du tir. Dès que le point idéal se situe au-dessus de 50 livres, l'arc est suffisamment puissant pour abattre un caribou.

Quels sont les avantages des arcs à poulies (photo 6.8) sur les arcs classiques ou à bouts recourbés? Bien que ces derniers, plus esthétiques, soient appropriés pour la chasse au caribou, ils ne sont pas aussi efficaces. Les flèches tirées sur des arcs à poulies décrivent une trajectoire plus rectiligne; elles filent plus rapidement et

---

* Les Américains étant les principaux fabricants d'équipement de tir à l'arc, les mesures dans ce domaine relèvent encore du système impérial.

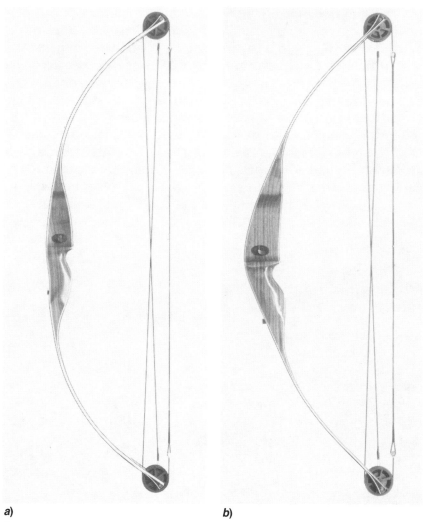

a)                              b)

*Photo 6.8*    **Deux modèles d'arc à poulies recommandés: (a) la Deluxe Nomad et (b) la Bantam Compound de Browning.**

obéissent moins aux caprices du vent. Autre point important: il est plus facile de maintenir la tension d'un arc à poulies que celle d'un arc classique car celui-ci exige un effort durant la période de rétention du tir. Pour toutes ces raisons, les arcs à poulies représentent le meilleur choix.

Les arcs munis d'une mire permettent au chasseur d'apprendre rapidement à préciser son tir. Certains amateurs qui ont commencé par utiliser un arc de façon instinctive préfèrent cependant se passer de mire. Mais rares sont les archers qui peuvent arriver, de cette façon, à une précision satisfaisante.

## La mire et le carquois

Grâce à leur relâche, les arcs à poulies sont plus faciles à retenir en extension et rendent possible l'utilisation d'une mire. Certains chasseurs se servent avec succès de la mire à pointe unique. Ils s'ajustent à 25 mètres par exemple, utilisant ce repère pour viser au-dessus de la cible pour de plus longues distances, ou au-dessous pour des distances plus rapprochées.

Cependant, pour la plupart des archers, une mire à pointes multiples convient davantage parce qu'elle permet des ajustements plus variés et plus précis (à condition de pouvoir bien évaluer les distances, ce qui est encore plus difficile dans la toundra à cause de la rareté des points de repère). Certains choisissent d'ajuster leurs pointes de mire à tous les 5 mètres, d'autres à tous les 10 mètres (15, 25, 35...), et un certain nombre utilisent un télémètre. Toutefois, afin de conserver la précision du tir, la distance maximale ne devrait pas dépasser 35 mètres.

Le carquois, de préférence de bonne qualité, sert à abriter les têtes de flèche et constitue une protection pour le chasseur en cas de chute ou de faux mouvement. Il est pratique et sécuritaire d'attacher le carquois à l'arc: il peut généralement être fixé à la fenêtre de l'arc.

## Les flèches

Les flèches ne doivent pas être brillantes ou de couleur fluorescente car elles peuvent attirer l'attention du gibier. Il existe différents types de pointes de flèche (photo 6.9). Le type de pointes choisi importe peu, pourvu qu'il s'agisse de la meilleure qualité et que les lames soient toujours bien aiguisées.

Dans des conditions idéales, une douzaine de flèches, qui doivent bien sûr être identiques, suffisent pour une expédition: six pour la chasse et six pour l'entraînement. Avant l'expédition, on les sou-

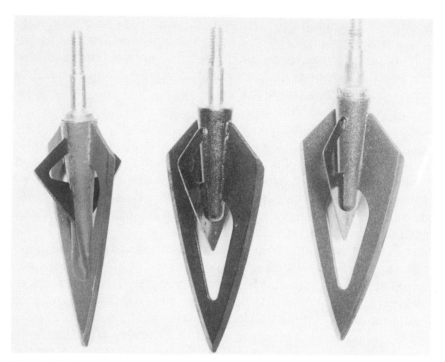

***Photo 6.9*** **Pointes de chasse interchangeables. Les modèles à quatre lames sont parmi les plus populaires.**

mettra à divers essais. Il est normal qu'une flèche dévie légèrement de sa course et tende à piquer vers le sol. Il faut néanmoins s'assurer que la tige est bien droite. Pour ce faire, tenez la flèche à la verticale en appuyant la pointe sur une surface plane, puis faites-la tourner sur elle-même: si elle ne forme pas un pivot rectiligne, il est fort peu probable qu'elle respecte sa trajectoire et elle doit être éliminée.

À la suite de cette opération, on procédera à l'expérience finale: viser une cible faite de trois couches de mousse de polyéthylène ayant chacune 2,5 centimètres d'épaisseur. Toutes les flèches qui dévient de leur trajectoire doivent être rejetées. Pour plus de sécurité, on disposera la cible devant un vaste champ afin d'avoir une visibilité parfaite. Il faut en effet s'assurer que toute personne ou tout animal se trouvant à proximité est hors du champ de tir.

Le chasseur habitué à la carabine peut trouver superflu de camoufler les branches de l'arc. Il se rendra vite compte qu'à la chasse à l'arc, il faut tenir compte d'éléments nouveaux. Il va de soi, par exemple, qu'à une distance de 30 mètres, la lumière se réfléchissant sur une surface luisante peut facilement attirer l'attention du caribou et provoquer sa fuite.

Pour éviter ce genre de situations, vous pouvez vous procurer un arc à corps camouflé, mais le choix des modèles est assez limité. Vous pouvez aussi camoufler vous-même votre arc à l'aide d'une peinture beige mate ou d'un papier gommé. Certains archers expérimentés préfèrent encore fixer des gaines aux branches de l'arc.

Un protège-bras, des gants, et au moins une corde supplémentaire complètent l'équipement de base du chasseur à l'arc.

## Une approche stratégique

Être bien équipé est primordial, mais c'est le contact du chasseur avec l'animal qui sera déterminant. Il est possible que l'animal apparaisse sur un chemin ou dans une traverse très fréquentée. Le chasseur avisé aura d'autre part repéré, lors d'un vol au-dessus du campement, les rétrécissements des lacs ou des rivières, en forme d'éventail. C'est là que, blotti près d'un rocher ou d'un arbuste, il attendra le caribou après s'être assuré que le vent ne le trahit pas. Un guide pourra aussi signaler les passages qui, même s'ils portent des pistes récentes, sont moins évidents pour le chasseur novice.

Par matins froids, sous les rafales de neige, le caribou est agité et la nature ne lui offre aucun abri. On peut donc apercevoir des femelles, des jeunes bêtes et des mâles non adultes. Les mâles plus âgés (le gros gibier) se déplacent en solitaire ou avec un ou deux compagnons, rarement en bande.

Lorsque la température se réchauffe, le caribou est en mouvement même si le sol est encore couvert de neige. Les femelles et les jeunes mâles s'installent souvent près du sommet des côteaux, dans des aires découvertes d'où ils peuvent voir venir tout danger. Les gros mâles préfèrent souvent la crête des côteaux où arbrisseaux et épinettes leur servent d'abri pendant qu'ils se nourrissent.

Même s'il connaît la retraite du gibier, le chasseur doit faire face au problème de l'approche. Il peut, en se cachant derrière les pierres, tenter d'arriver à une centaine de mètres d'un caribou mâle, au repos ou en train de s'alimenter, sans attirer son attention. Il peut ainsi l'examiner à loisir.

Tout en procédant à cette inspection, le tireur doit s'assurer que sa présence n'est pas encore perçue, que le vent est dans la bonne direction et qu'aucune femelle et qu'aucun mâle de moins d'un an ne se trouvent devant lui. Si toutes ces conditions sont remplies et si le chasseur fixe son choix sur ce caribou, la dernière étape commence (photo 6.10).

Chaque fois que l'animal regarde dans une direction autre que celle du chasseur, celui-ci se rapproche jusqu'à ce qu'il soit à 20 ou 30 mètres du caribou. Il se prépare alors à tirer et attend que le caribou, surpris, se dresse.

Étant donné qu'une flèche endommage moins la chair qu'une balle de carabine, la meilleure façon de procéder pour tuer un caribou est de percer la cage thoracique, à une largeur de main derrière l'épaule et dans le tiers supérieur de la poitrine. Si l'animal se présente de biais, on peut tirer la flèche juste à l'arrière de la cage thoracique.

Si vous décidez de chasser chez un pourvoyeur, il est conseillé de l'informer du type d'armes que vous désirez utiliser. Il pourra ainsi mieux coordonner les différentes activités qui se dérouleront sur le terrain. De fait, les techniques de chasse et les exigences diffèrent beaucoup selon qu'on se sert d'un arc ou d'une carabine. Citons entre autres l'importance de se déplacer sans bruit et d'être à faible distance de l'animal. Il va sans dire que le guide, le cas échéant, devra avoir l'habitude de la chasse à l'arc.

Plusieurs chasseurs préfèrent troquer la carabine contre l'arc car, pour eux, le défi est plus exaltant. Le caribou est sans doute le gros gibier idéal pour un archer, puisqu'il se rencontre plus souvent qu'autrement en terrain découvert. Mais attention à l'illusion de facilité car on ne s'improvise pas archer du jour au lendemain; il faut de la pratique et de la détermination pour se mesurer au grand monarque de la toundra.

En observant les deux dernières recommandations données plus haut et en suivant soigneusement les étapes précédentes, le chasseur augmente ses chances de ramener un trophée dont il pourra être fier.

*Photo 6.10*  **Le gouvernement ne devrait-il pas abolir le port du dossard pour la chasse au caribou, cette pièce d'équipement nuisant à l'approche de l'archer? Ci-dessus, Peter Palmer du Club Tuktu.**

NOTES
1. Pour connaître le club de tir le plus près de chez vous, adressez-vous à la Fédération de tir à l'arc du Québec. On dénombre 90 clubs au Québec.

   Fédération de tir à l'arc du Québec
   4545, av. Pierre de Coubertin
   C.P. 1000, Succursale M
   Montréal, QC
   H1V 3R2
   tél.: (514)252-3054

2. Au moment de mettre sous presse, le port du dossard était obligatoire pour la chasse au caribou à l'arc. Comme il n'y a pas de saison réservée à ce type de chasse, les archers sont soumis au même règlement que les chasseurs à la carabine. Il est donc recommandé de consulter le résumé des règlements de chasse, un agent de conservation ou un pourvoyeur de chasse au caribou à chaque début de saison.

# Chapitre 7
# Conservation et consommation

Malgré les progrès observés durant ces dernières années, les statistiques de l'Institut national des Viandes démontrent que la viande de caribou est celle qui subit le plus de perte. Les causes sont diverses: les grandes distances, les conditions de transport, les variations de température et, nous devons bien le dire, la négligence de nombreux chasseurs dans la préparation du gibier.

Lors d'expéditions de chasse, nous avons été très surpris de constater que plusieurs chasseurs s'empressaient, dès leur retour à la base de Schefferville, d'écorcher leurs quartiers de caribou, et ce dans des conditions lamentables. Les quartiers étaient dépouillés de leur peau à même le sol, dans le sable, emballés dans du polyéthylène (tout à fait déconseillé si la chair n'est pas complètement refroidie) et placés dans des boîtes «de fortune».

Dans bien des cas, les boîtes étaient immédiatement chargées sur un camion pour être transportées à la gare ou à l'aéroport. Empilés les uns sur les autres, sans aération, souvent laissés dans le camion ou dans un entrepôt, ces précieux colis attendaient l'expédition. Résultat: une perte incroyable.

## La conservation de la viande

Nombreux sont les chasseurs qui nous demandent encore: «Comment faut-il procéder pour apprêter et transporter le gibier?» Voici donc les différentes étapes à suivre, sur le terrain et lors du transport, ainsi que les précautions à prendre afin d'obtenir le maximum de viande de votre caribou.

D'abord, il faut se rappeler que la peau et le poil sont la protection idéale contre les saletés et les meurtrissures, tant avant que durant le transport. Nous le répétons sans cesse depuis plusieurs années. Il semble que nous prêchions dans le désert, puisque plusieurs chasseurs et transporteurs aériens, pour diminuer la masse de quelques kilogrammes, s'entêtent à éliminer cette protection naturelle.

### Sur le terrain

La première étape consiste à éviscérer le caribou, et ce *immédiatement* après l'abattage, afin d'éviter toute contamination de la viande par la fermentation bactériologique (photo 7.1). Il faut ensuite séparer l'animal en quartiers, pour le portage, en fonction de la dis-

117

tance à parcourir, de la forme physique des chasseurs, du mode de transport et de la température. Ces deux opérations nécessitent de bons outils; une scie à viande peut s'avérer très utile, d'autant plus que le travail est plus propre. On veillera par ailleurs à ce que saletés et poils n'adhèrent pas à la viande lors de l'éviscération et de l'écorchage. Enfin, il est conseillé de bien assécher la viande avec du coton à fromage, du papier absorbant ou des chiffons. Ne jamais, au grand jamais, utiliser d'eau pour nettoyer la viande. L'humidité favorise le développement des bactéries qui à leur tour produisent une putréfaction rapide.

*Photo 7.1* **Une fois le caribou abattu, ces chasseurs consciencieux ont immédiatement procédé à l'éviscération.**

Le dépeçage terminé, il s'agit de faire aérer et refroidir la viande. Plusieurs pourvoiries sont dotées d'un abri où l'on peut suspendre les quartiers, et parfois d'une glacière comme c'est le cas à l'Auberge de la Colline (Wedge Hill). Si vous faites du camping sauvage et qu'il vous est impossible de suspendre la viande, déposez-la sur des rondins ou des pierres, la peau en dessous, de façon qu'il y ait un espace d'au moins 30 centimètres entre les quartiers et le sol (photo 7.2). Dans un cas comme dans l'autre, il faut envelopper les quartiers dans du coton à fromage pour empêcher que les mouches viennent y déposer leurs œufs et pour les protéger des saletés et herbages transportés par le vent (surtout sur des terrains de camping). L'utilisation de condiments tels que le poivre est déconseillée car ils peuvent altérer la saveur de la viande.

*Photo 7.2* **Voici une bonne façon de s'y prendre pour conserver son caribou avec les moyens du bord. Les quartiers de viande sont enveloppés de coton à fromage et déposés sur des pierres.**

S'il pleut, il est fortement conseillé de faire un abri avec du polyéthylène au-dessus des quartiers de viande, à environ 30 centimètres.

À moins que vous n'ayez votre propre avion, évitez de tuer un animal juste avant le départ; la viande serait perdue de toute façon puisqu'elle n'aurait pas la chance de se refroidir dans de bonnes conditions. Il faut calculer environ 7 heures avant le départ pour donner à la viande tous les soins nécessaires.

**Pour le transport**

Le transport du caribou en quartiers, par avion, par train ou par camion, comporte certes quelques inconvénients; l'expérience nous l'a confirmé. Toutefois, depuis quelques années, les compagnies aériennes fournissent des boîtes spécialement conçues pour le transport du gibier (photo 7.3). D'ailleurs, plusieurs transporteurs exigent cette mesure, car elle facilite le chargement et assure une certaine propreté dans les avions. Ces boîtes sont donc excellentes, mais à la condition que le travail de dépeçage et de désossement ait été bien fait.

**Photo 7.3** **Chez un pourvoyeur, votre viande (et votre poisson) est bien emballée.**

Ainsi, la viande refroidie et enveloppée dans du papier ciré, si possible, il ne reste plus qu'à la déposer dans les boîtes. Même dans de telles boîtes, il est bon de laisser la peau sur les quartiers. D'habitude, deux ou trois boîtes par caribou suffisent. Si vous ne pouvez vous en procurer, prévoyez, en plus du coton à fromage, quelques sacs de jute.

Rappelez-vous que plus vous coupez votre gibier en petits morceaux pour le transport, plus les risques de perte par déshydratation, les poils, la saleté ou les mauvaises coupes, sont élevés.

À votre retour, rendez-vous le plus tôt possible dans une maison spécialisée (que vous aurez trouvée avant le départ) pour la préparation de votre gibier. Certaines boucheries sont dotées d'un petit entrepôt frigorifique spécialement pour le gibier, ce qui peut être pratique dans le cas où l'on doit faire mûrir la viande avant la coupe finale. Toutefois, le mûrissement s'applique beaucoup plus à des animaux âgés.

Dans bien des cas, le caribou est soumis, après l'abattage, à des écarts de température importants et à un transport beaucoup plus long que pour les autres gros gibiers. Il est alors préférable de ne faire subir aucun mûrissement à la viande et de procéder à la découpe le plus vite possible.

Si vous choisissez de profiter du service de dépeçage et d'emballage, à Schefferville ou ailleurs, assurez-vous que les boîtes sont bien isolées et solides, et que la viande est bien congelée pour le transport.

Si vous avez promis un festin à vos parents et amis, vous devez, en tant que chasseur, mettre tous ces conseils en pratique pour être en mesure de tenir parole.

## L'éviscération

Voici, accompagnée de photos, une description détaillée des différentes étapes de l'éviscération. Comme vous le savez, ce travail doit être effectué sur le terrain.

*Photo 7.4* L'animal couché sur le dos, fendez la peau à partir de la pointe supérieure du sternum jusqu'à sa partie inférieure.

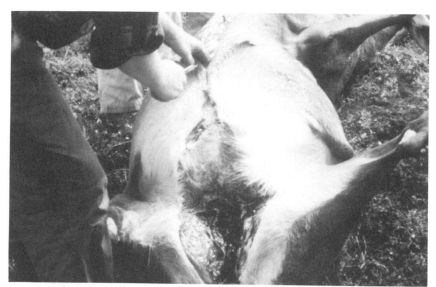
*Photo 7.5*  Coupez la peau de la pointe inférieure du sternum jusqu'à l'anus.

*Photo 7.6*  Faites une incision autour de l'anus avec la pointe du couteau (après avoir prélevé le pénis et le scrotum dans le cas d'un mâle), puis tirez pour dégager le gros intestin que vous attachez ensuite avec une corde.

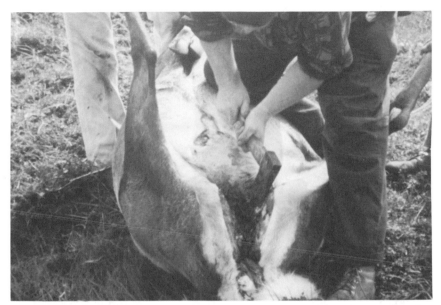

*Photo 7.7* Coupez la viande entre les deux cuissots jusqu'à l'os du bassin (coxal) puis coupez cet os à la hache ou à la scie.

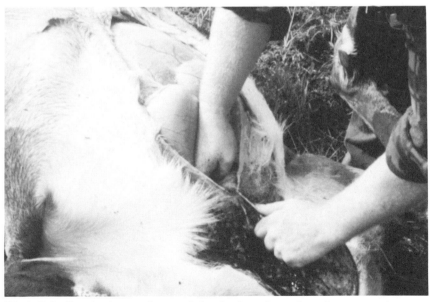

*Photo 7.8* Fendez la membrane abdominale en la soulevant pour ne pas per-forer les intestins.

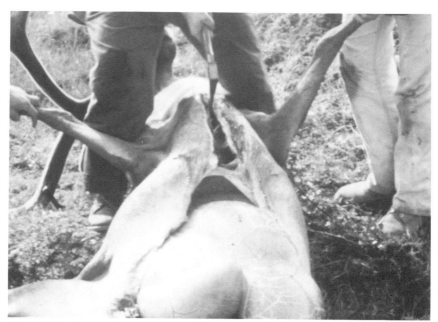

*Photo 7.9*  Coupez le sternum (os de la poitrine) pour ouvrir la cage thoracique.

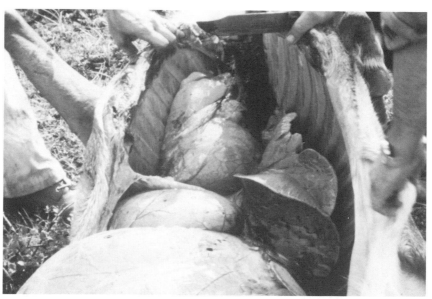

*Photo 7.10*  Une fois le sternum coupé, cela donne plus d'espace pour prélever les abats principaux.

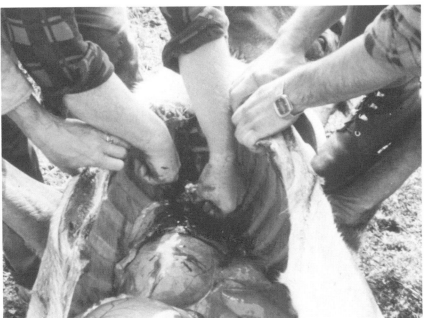

*Photo 7.11* Après avoir dégagé et attaché l'œsophage, tirez-le vers l'arrière de l'animal.

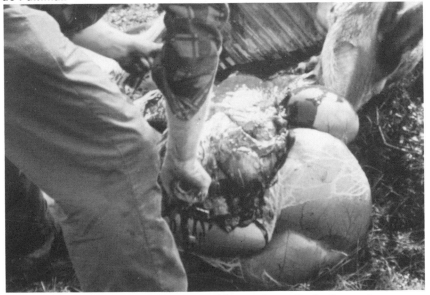

*Photo 7.12* Les organes internes se dégagent ensuite facilement.

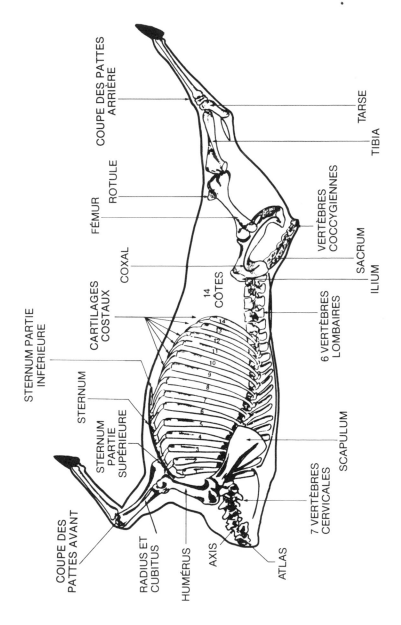

*Figure 7.1*   **Ostéologie**

126

# Les coupes de portage, de transport et de boucherie

Vous êtes maintenant prêt à entreprendre le travail de coupe *. Tout d'abord disjoignez ou sciez les pattes arrière dans l'articulation (genou) en haut du tarse, les pattes avant dans l'articulation (coude) des os du carpe et enlevez la tête en la désarticulant de l'atlas (photo 7.13). Vous pouvez ensuite procéder à la coupe en quartiers. Afin de minimiser la perte, il est de la plus grande importance de réduire le nombre de pièces de viande.

*Photo 7.13* **La disjonction des pattes dans l'articulation permet de réduire davantage la masse pour le portage et le transport.**

---

* Pour ce faire, reportez-vous à la figure 7.1.

L'idéal serait de pouvoir transporter l'animal au complet, mais cela est rarement possible. Il faut donc faire ce que nous appelons la coupe de portage en tenant compte, comme nous l'avons dit auparavant, de la forme physique des chasseurs, de la distance à parcourir, du mode de transport et de la température (photos 7.14 et 7.15).

**Photo 7.14**   Comme on peut le constater, les coupes de portage facilitent de beaucoup le travail pour rapporter votre caribou à bon port.

**Photo 7.15**   Un système de cordage permet à un nombre restreint de chasseurs de traîner le caribou sur une distance relativement courte.

## La coupe de portage

La taille de la bête abattue détermine aussi le nombre de quartiers à couper. Nous avons défini deux catégories: les bêtes de masse moyenne, soit environ 70 kilogrammes et celles de masse élevée, soit environ 100 kilogrammes. L'animal de première catégorie peut être débité en deux pièces et celui de la deuxième catégorie, en deux ou trois pièces. Vous pouvez couper de nouveau ces quartiers en deux dans le sens de la longueur en sciant la colonne vertébrale; la masse de chacune des pièces sera ainsi diminuée de moitié.

Le tableau ci-après donne un aperçu de la répartition de la masse de l'animal en quartiers. Il ne s'agit pas ici de règles strictes, mais plutôt de données de bases que vous pourrez adapter selon les circonstances.

**Tableau 7.1 Coupe de portage**

| | Séparation entre la 11ᵉ et la 12ᵉ côte | | Pièces |
|---|---|---|---|
| Bête d'environ 70 kg | 52% 1 avant double: 36 kg | 48% 1 arrière double: 34 kg | 2 |
| | 2 avants simples: 18 kg chacun | 2 arrières simples: 17 kg chacun | 4 |
| | 1 avant double: 52 kg | 1 arrière double: 48 kg | 2 |
| | 2 avants simples: 26 kg chacun | 2 arrières simples: 24 kg chacun | 4 |
| | Séparation entre la 6ᵉ et la 7ᵉ côte | | |
| Bête d'environ 100 kg | 35% 1 avant double: 35 kg | 30% 1 longe double 30 kg | 3 |
| | 2 avants doubles: 17,5 kg chacun | 2 longes simples: 15 kg chacun | 6 |
| | Séparation entre la 5ᵉ et la 6ᵉ vertèbre lombaire | | |
| | 35% 1 cuissot double: 35 kg | | 3 |
| | 2 cuissots simples: 17,5 kg chacun | | 6 |

## Procédés pour la coupe de portage

Coupez les muscles entre la 11$^e$ et la 12$^e$ côte (toujours commencer à compter par l'avant) en partant de la colonne vertébrale jusqu'aux cartilages costaux. Sciez ces derniers et la colonne vertébrale pour séparer l'animal en deux. Le procédé est le même pour une coupe entre la 6$^e$ et la 7$^e$ côte.

Pour prélever les cuissots, il faut séparer l'animal entre la 5$^e$ et la 6$^e$ vertèbre lombaire, soit la dernière. À partir de celle-ci, coupez les flancs (les muscles d'abord, la peau ensuite) perpendiculairement au dos de l'animal. Il reste à scier la colonne vertébrale.

Si vous le désirez, vous pouvez faire une coupe longitudinale pour séparer les quartiers en deux en suivant bien la colonne vertébrale.

## La coupe de transport

Les quartiers de caribou ayant été recouverts de coton à fromage et la viande étant bien refroidie, il faut les préparer pour le transport par avion ou par train. Généralement, la viande est déposée dans des boîtes de carton ciré.

Les illustrations et les textes explicatifs ci-après (figures 7.2 à 7.6) vous indiquent comment alléger davantage la masse et diminuer le volume des quartiers sans risque de perte. Un papier pêche (que vous pouvez vous procurer chez votre boucher) vous sera d'une grande utilité. À moins d'indications contraires, laissez la peau sur l'animal.

## La coupe de boucherie

Si votre venaison doit être mûrie, il est primordial de l'entreposer à une température ambiante de 1° à 2°C et à un taux d'humidité se situant entre 80 et 90 degrés. Cet endroit idéal se trouve chez votre boucher ou dans une maison spécialisée en dépeçage du gibier.

Si vous avez quelques connaissances de base et si vous décidez de procéder vous-même à la découpe de votre gibier, les schémas suivants vous seront d'une grande utilité (figures 7.7 à 7.10).

Pour les longes, enlevez la peau et coupez les flancs à environ 4 centimètres du contre-filet. Prélevez ce dernier ainsi que le filet mignon et tranchez-les à l'épaisseur désirée.

Les flancs et les parures feront une excellente viande hachée.

**Cuissot de caribou**
1. Fendez la peau à l'intérieur du cuissot le long du tibia et contournez-le de la façon indiquée (figure 7.2).
2. Retirez le tibia.
3. Insérez un papier pêche dans l'ouverture, directement sur la viande.
4. Ficelez le tout.

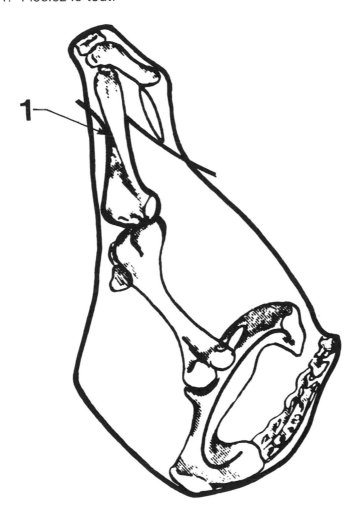

*Figure 7.2*  Cuissot de caribou

## Longe double de caribou

1. Sciez toutes les côtes à 4 cm du contre-filet pour les extraire ensuite (figure 7.3). Laissez la viande entre les côtes lors de cette opération (voir pointillé).

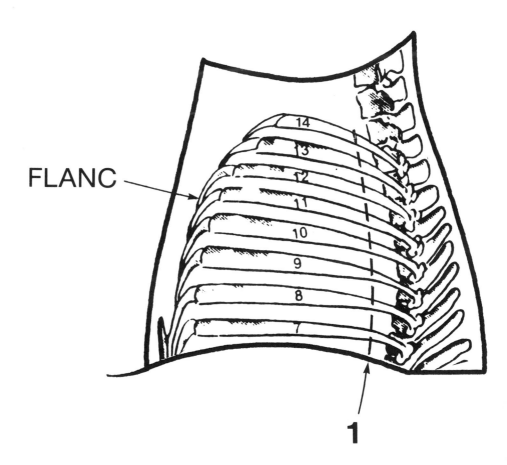

*Figure 7.3* **Longe double de caribou**

2.  Enlevez la peau sur un des flancs et pliez après avoir inséré
    du papier pêche sous chacun des flancs (figure 7.4).

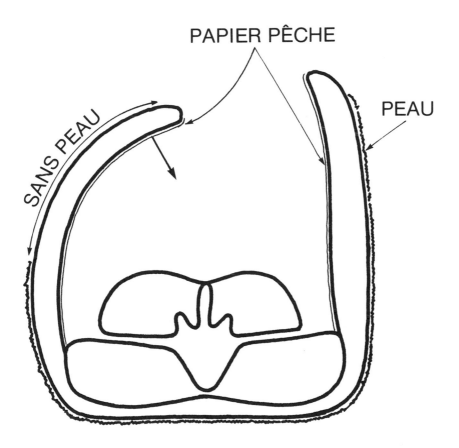

PAPIER PÊCHE

PEAU

SANS PEAU

*Figure 7.4*

3.  Rabattez l'autre flanc et ficelez comme le montre la figure 7.5.

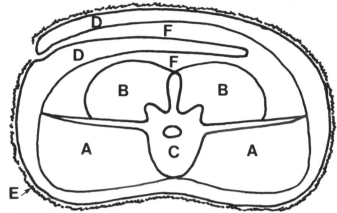

*Figure 7.5*

## Avant de caribou

1.  Fendez la peau le long du radius et du cubitus (jarret avant), contournez-les de la façon indiquée (figure 7.6) puis désarticulez-les.
2.  Insérez un papier pêche dans l'ouverture, directement sur la viande.
3.  Ficelez le tout.

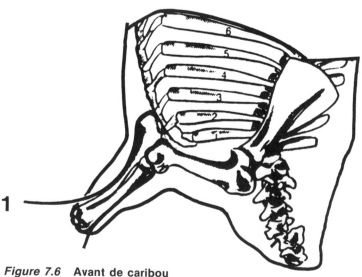

*Figure 7.6*  **Avant de caribou**

**Cuissot de caribou**
1. Prélevez le filet mignon (figure 7.7).
2. Désossez le coxal et le sacrum.
3. Dégagez l'intérieur de ronde.
4. Désossez le jarret.
5. Dégagez la pointe de surlonge.
6. Désossez le fémur de l'extérieur de ronde.

**Utilisation**
Intérieur de ronde: tranches, fondue, brochettes, rôti.
Pointe de surlonge: tranches, fondue, brochettes.
Extérieur de ronde: rôti et tranches.
Filet: en tranches ou complet.

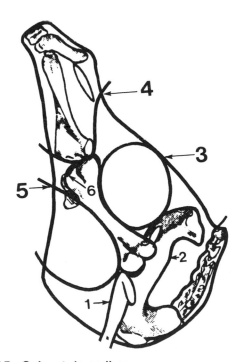

*Figure 7.7* **Cuissot de caribou**

### Avant de caribou (avec raquette)

La première chose à faire dans la coupe d'un avant de caribou est de prélever les épaules ou raquettes.

1. Avec votre couteau, suivez la ligne de jonction entre l'avant et la raquette en partant entre le jarret et la pointe de la poitrine (figure 7.8).
2. Coupez jusqu'en haut du scapulum en suivant ce dernier.

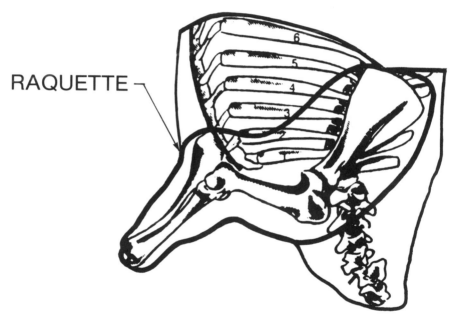

*Figure 7.8* **Avant de caribou (avec raquette)**

## Avant de caribou (sans raquette)

1.  Enlevez le sternum en le disjoignant du bout des côtes (figure 7.9).
2.  Désossez les côtes et les vertèbres dorsales en passant votre couteau dans le coussin cartilagineux entre chaque vertèbre.
3.  Désossez les vertèbres cervicales en suivant le même procédé.
4.  Coupez le cou en suivant le pointillé.
5.  Enlevez la pointe de la poitrine en suivant le pointillé (vous obtiendrez une forme rectangulaire).
6.  Roulez toute la pièce de viande en partant de la partie la plus épaisse (haut côté) et ficelez à quatre ou cinq endroits. Cette pièce donne des rôtis que vous coupez à la grosseur désirée.

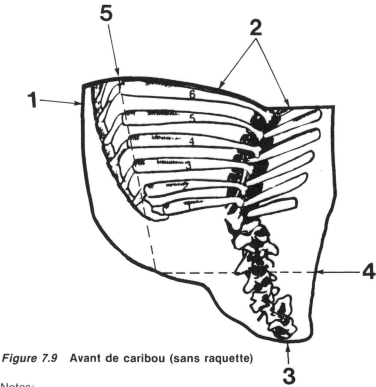

*Figure 7.9*  **Avant de caribou (sans raquette)**

Notes:
— La pointe de poitrine peut être hachée ou coupée en cubes.
— Le cou fait une excellente viande hachée.

## Raquette

1. Couper la viande à l'intérieur du jarret en contournant l'os de la façon indiquée (figure 7.10).
2. Pour désosser le scapulum et l'humérus, fendez la chair au centre des os, désarticulez-les l'un de l'autre et contournez-les le plus près possible avec la pointe du couteau en prenant soin de ne pas endommager la viande.
3. Coupez les muscles du jarret en suivant le pointillé.
4. Ficelez la raquette à quatre ou cinq endroits. Coupez selon le nombre de rôtis désirés.

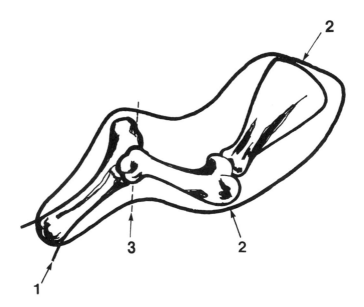

*Figure 7.10*  **Raquette**

Note:
— La viande du jarret peut être hachée.

138

## Le rendement en viande

Le chasseur de caribou est un individu patient qui sait attendre et choisir le moment opportun pour conquérir son trophée. Il laisse déferler la harde et fixe son choix bien avant de tirer.

Il est très difficile d'établir la véritable masse moyenne des caribous, puisque la chasse sportive est axée sur les gros mâles. Cependant, selon une expertise faite sur quatre carcasses éviscérées de caribous de sexe mâle, la masse globale incluant les têtes, les peaux et les pattes atteignait 360 kilogrammes et, après le débitage, le rendement moyen était de 60%, soit 54 kilogrammes de viande comestible par bête.

---

## Facteurs qui influent sur le rendement

a) Sexe de l'animal
   Le mâle donne un meilleur rendement en viande que la femelle. Pour une ossature à peu près semblable, ses membres, ses longes et son collier sont plus musclés.

b) Perte causée par la ou les balles
   Une seule balle mal placée ou provenant d'un calibre trop puissant, par exemple, peut causer des dommages qui obligent le boucher à parer et à enlever la viande meurtrie, les os brisés et le sang coagulé, jusqu'à 7 ou 10 centimètres tout autour de la blessure. Cette opération réduit parfois des deux tiers le rendement des cuissots ou des épaules.

c) Perte totale
   Souvent le fruit de la négligence, la perte totale n'a pas sa raison d'être. Le chasseur digne de ce nom doit se renseigner et être en mesure de pratiquer à temps l'éviscération de son gibier; la protection du produit de la chasse fait partie de ses responsabilités.

---

## Les modes de cuisson

Inutile de faire des mystères et de se compliquer la vie avec la cuisson du caribou. Cette viande se cuit comme celle du bœuf.

Pour conserver le goût spécial de ce gibier, il est préférable de ne pas mariner la viande, si elle est jeune. Si vous tenez quand même à cette opération, ne prolongez pas le temps de macération et veillez à ce que votre marinade ne soit pas trop corsée. Voyons ensemble les principaux modes de cuisson, soit le rôtissage, la grillade, le braisage et l'ébullition.

## Le rôtissage

On a tendance à rassembler sous le vocable de rôtissage tous les modes de cuisson qui ne résultent pas de l'ébullition. En réalité, le rôtissage est la cuisson au four à chaleur sèche. L'air contenu dans le four est chauffé par un combustible ou par un élément électrique et la chaleur de l'air est transmise par conduction à la pièce à rôtir.

On peut rôtir les viandes à la broche ou dans une *rôtissoire*, ustensile à fond plat et à faible rebord, qui se place sur la grille du four. Certaines cuisinières modernes en sont munies. La cuisson à la broche est un retour aux anciennes traditions et devrait satisfaire les véritables gourmets pour qui «il n'est de bon rôti que de broche».

Les rôtis peuvent être bardés avec du suif ou du lard, mais le bacon altère le goût du gibier.

## La grillade

Cuisson par contact direct avec le feu, la grillade se fait de trois façons:

a) sur le gril, où l'on place la pièce à cuire au-dessus d'un feu de braises incandescentes qui brûlent sans flamme et sans fumée. De nos jours, ce type de cuisson se fait surtout à l'extérieur avec un barbecue.

b) sous l'élément chauffant se trouvant à la partie supérieure du four.

c) à la poêle, qui est la méthode la plus courante. Cette fois, la source de chaleur est le métal de l'ustensile qui emmagasine la chaleur fournie par la cuisinière et la transmet à la pièce à griller. Il ne s'agit donc pas là d'une véritable grillade puisqu'il n'y a plus de contact direct avec le feu. D'ailleurs, le résultat est sensiblement différent.

La grillade est faite de biftecks pris dans les parties les plus tendres.

## Le braisage

Pour le braisage, on saisit l'aliment à cuire dans un corps gras, à feu vif, jusqu'à ce qu'il soit bien coloré sur toutes les faces, puis on le recouvre d'un liquide bouillant approprié que l'on maintient en ébullition très lente jusqu'à la fin de la cuisson. Cette cuisson se fait à feu très doux ou au four dans un ustensile couvert.

Pour braiser de la viande, on la garnit de légumes et d'aromates: carottes, oignons, céleri, herbes et épices. S'il s'agit d'un bifteck ou d'un rôti, on peut le servir à point.

Ce mode de cuisson est particulièrement recommandé pour les morceaux moins tendres en cubes ou en tranches.

## La cuisson à l'eau

L'ébullition consiste à plonger l'aliment à cuire dans une grande quantité d'eau bouillante salée puis à maintenir l'ébullition jusqu'à cuisson complète. On ajoute généralement des aromates au bouillon.

# Les recettes

La viande de caribou s'apprête facilement et de toutes sortes de façons. En steak, en rôti, en brochettes, en terrine ou autrement, les recettes diverses sont toutes plus délicieuses les unes que les autres.

Essayez le caribou haché dans votre sauce à spaghetti ou dans un pain de viande. Vous serez agréablement surpris. Si vous trouvez la viande de caribou trop maigre, mélangez-la avec de la viande de porc dans une proportion d'environ 25 %. Une bonne sauce, quand la recette s'y prête, peut aussi rehausser savamment le gibier. Les abats dégustés «au bout du fusil» ou à la maison ne sont pas non plus à dédaigner. Vous pouvez faire un véritable festin avec le foie ou les rognons.

Sœur Monique Chevrier vous suggère plusieurs recettes, simples à réaliser, qui vous feront découvrir la viande de caribou à son meilleur.

*Photo 7.16* La récompense du chasseur chanceux de retour au camp: du bon foie de caribou avec, comme il se doit, une bonne bouteille de vin rouge tel un Beaujolais Brouilly.

## Sauce demi-glace avec fumet de gibier

¼ t. de beurre
¼ t. de graisse végétale
½ t. de farine
1 oignon
1 carotte
1 branche de céleri
1 branche de persil
ail au goût
4 t. de bouillon ou fumet de gibier
1 c. à soupe de purée de tomage (facultatif)

Fondre le gras. Ajouter la farine et brunir jusqu'à la coloration désirée (roux brun). Brasser continuellement. Ajouter les légumes hachés grossièrement et laisser prendre couleur. Ajouter le bouillon, la purée de tomate et l'ail. Cuire lentement. Après 20 minutes, couler la sauce et continuer la cuisson 30 minutes. Écumer souvent et couler.

NOTE   Les os et les parures font un excellent fumet de gibier pour la sauce d'accompagnement suggérée.

## Rôti de caribou

carottes, céleri, oignon en mirepoix
baies de genièvre
rôti paré et bardé sur le dessus
fumet ou bouillon
1 t. de crème à 35 %
¼ t. de sauce demi-glace

Déposer la mirepoix dans le fond d'une rôtissoire étroite, ajouter des baies de genièvre et y déposer le rôti paré et bardé sur le dessus. Cuire à 175 °C (350 °F) à raison d'environ une heure par kilogramme de viande. Lorsque le rôti est à point, le retirer du four et le laisser reposer. Déglacer la rôtissoire au fumet de gibier, au bouillon de bœuf, ou encore au concentré additionné d'eau. Couler dans une petite casserole. Dégraisser, ajouter 4 à 5 baies de genièvre pulvérisées et réduire. Ajouter la crème et réduire du tiers. Ajouter la sauce demi-glace et ramener à ébullition. Servir très chaud.

## Steak de caribou aux cerises

4 tranches de caribou
1 boîte de cerises égouttées
sauce demi-glace
croûtons de pain d'épices sautés au beurre

Cuire la viande dans un mélange de beurre et d'huile. Déposer les steaks dans un plat de service et garder au chaud. Dans la poêle, chauffer les cerises égouttées. Lier avec un peu de sauce demi-glace et laisser mijoter 1 minute. Au moment du service, décorer de croûtons et servir avec la sauce aux cerises.

## Tranches de caribou farcies

2 tranches de caribou de 5 cm (2 po) chacune
2 t. de vin rouge sec
¼ t. d'huile
sel et poivre

### Farce

¼ t. de beurre et graisse
1 gros oignon haché
2 branches de céleri hachées
2 pommes pelées, en dés
1 tranche de pain frais, en petits cubes
225 g (½ lb) de chair à saucisse
225 g (½ lb) de caribou haché
½ t. de persil haché
1 c. à thé de sauge
sel et poivre
vin de la marinade

Chauffer le four à 175°C (350°F). Parer les tranches de caribou. Les déposer dans un plat, couvrir avec le vin rouge, l'huile, le sel et le poivre. Mariner 2 heures.

Fondre le gras, faire revenir l'oignon, le céleri et les pommes. Cuire 5 minutes. Ajouter le pain, la chair à saucisse, le caribou; bien mélanger, cuire 5 minutes. Ajouter le persil, la sauge, le sel, le poivre et le liquide de la marinade. Cuire 2 minutes. Refroidir la farce.

Dans un plat allant au four, déposer une tranche de caribou, ajouter la farce puis la deuxième tranche de caribou. Couvrir d'un papier d'aluminium. Mettre au four et cuire environ 3 heures. Découvrir 30 minutes avant la fin de la cuisson. Servir avec des nouilles ou des pommes de terre.

## Terrine du chasseur

2 oignons émincés
1 tranche de pain émietté

ger la cuisson). Retirer du feu, déposer dans un plat chaud. Ajouter la réduction et le beurre. Cuire de 1 à 2 minutes. Verser sur le foie, servir.

## Rognons aux légumes

**2 rognons**
**4 à 6 carottes tranchées**
**2 gros oignons émincés**
**½ c. à thé de thym**
**sel et poivre**

Garder la graisse des rognons. La faire fondre sur un feu doux. Ajouter les légumes tranchés mince et le thym. Cuire environ 20 minutes. Pendant ce temps, finir de parer les rognons, les poser sur les légumes, saler et poivrer. Couvrir la casserole et cuire au four à 175°C (350°F) environ 30 minutes. Vérifier la cuisson.

Il est important d'enlever toute la masse blanche à l'intérieur des rognons; il s'agit du bassinet collecteur qui donne un goût d'urine à la chair. On peut aussi les blanchir. Si on les fait sauter seulement, il est recommandé de les éponger.

Verser un peu de brandy ou de cognac au dernier moment et flamber.

## Caribou haché et mariné

**viande de caribou**
**aubergines en tranches épaisses**

**Marinade**
**1 t. d'huile**
**1 c. à soupe de jus de citron**
**2 à 3 gousses d'ail**
**poivre du moulin**

Passer la viande au hache-viande. Façonner en galettes de 1 centimètre (½ po) d'épaisseur. Les déposer dans un plat sur une seule rangée. Verser la marinade, retourner les galettes deux ou trois fois. Bien égoutter. (Peut être fait la veille ou le matin pour le soir.)

Une demi-heure avant de faire cuire la viande, faire dégorger les tranches d'aubergine, les passer dans la marinade et faire griller avec la viande. Si vous n'avez pas de gril extérieur, cette recette peut être exécutée au four à 200°C (400°F). Le temps de cuisson varie selon l'épaisseur des pièces à cuire.

NOTE   Orignal, caribou et chevreuil peuvent être mélangés et passés ensemble au hache-viande.

## Brochettes de caribou à la bière

**1,5 kg (3 lb) de caribou en gros cubes**
**½ litre de bière**
**huile ou graisse fondue**
**6 oignons coupés en quatre**
**sel et poivre**

Dans un bol, déposer les cubes de caribou. Verser la bière, remuer de temps en temps. Mariner environ 4 heures au frais.

Égoutter et rouler les cubes dans l'huile ou la graisse fondue. Enfiler sur les broches en alternant avec des morceaux d'oignons. Mettre sur le gril en ayant soin de ne pas trop approcher du feu. À la mi-cuisson, saler et poivrer.

On peut aussi cuire ces brochettes au four à 190°C (375°F). Le temps de cuisson varie selon la grosseur des cubes.

## Grillade de caribou et de bananes

**tranches épaisses de caribou**
**huile ou graisse fondue**
**½ banane verte par personne**

Badigeonner les tranches de caribou. Faire griller doucement au gril ou au four à 190°C (375°F). Ne pas trop cuire pour éviter de durcir la viande. À la mi-cuisson, faire griller les bananes vertes dans leur pelure.

Cette combinaison de saveurs est très plaisante.

## Cervelle poêlée

**1 cervelle de caribou**
**1 œuf**
**$^1/_4$ t. de lait**
**chapelure de craquelins**
**beurre et graisse**
**citron**
**persil haché**

Dégorger la cervelle à l'eau froide, 20 minutes. Mijoter à l'eau bouillante 5 minutes. Égoutter et rincer à l'eau froide. Égoutter à nouveau. Battre l'œuf avec le lait. Passer la cervelle dans ce mélange et ensuite dans la chapelure. Cuire à la poêle à feu moyen. Dorer des deux côtés. Servir avec des quartiers de citron et du persil haché.

## Cervelle en vinaigrette

**1 cervelle de caribou**
**eau froide**
**$^1/_4$ t. de vinaigre**
**sel et poivre**
**1 petit oignon tranché**
**2 branches de persil**
**1 feuille de laurier**

Dégorger la cervelle dans l'eau vinaigrée 30 minutes. Enlever la membrane et rincer. Déposer dans une casserole avec le reste des ingrédients. Couvrir d'eau froide. Amener à ébullition et mijoter 25 minutes. Servir chaude avec une vinaigrette de votre choix.

Si vous désirez la servir froide, refroidir dans l'eau de cuisson. Égoutter et servir avec une vinaigrette, sur des feuilles de laitue en entrée.

## Cœur de caribou farci

**1 cœur de caribou**
**eau vinaigrée**
**beurre et graisse**

151

**Farce**

2 tranches de bacon cuit, en dés
1 branche de céleri hachée
1 petit oignon haché
1 tranche de pain en cubes
persil haché
sel et poivre
bouillon ou fumet de gibier

Dégorger le cœur à l'eau vinaigrée, 30 minutes. L'égoutter et le parer. Dans une sauteuse, faire dorer le bacon. Quand il est bien cuit, le retirer et faire revenir le céleri, l'oignon, et cuire quelques minutes. Ajouter le pain, le persil, le sel, le poivre et un peu de bouillon afin que le mélange se tienne. Refroidir. Farcir le cœur et coudre l'ouverture. Dans un chaudron, fondre assez de gras pour y faire dorer le cœur de tous les côtés. Ajouter du fumet ou du bouillon pour couvrir le cœur.

Cuire au four à 175 °C (350 °F) environ 2 heures ou jusqu'à ce que le cœur soit bien tendre.

## Langue de caribou en sauce piquante

1 langue de caribou
eau froide
1 oignon tranché
4 clous de girofle
poivre en grains
2 feuilles de laurier

**Sauce**

1 t. de bouillon de cuisson
12 biscuits au gingembre écrasés
$\frac{1}{2}$ t. de raisins secs
zeste d'un citron
$\frac{1}{3}$ t. de cassonade

¹/₄ t. de vinaigre
poivre du moulin
1 pincée de cannelle


Parer et dégorger la langue 1 heure dans l'eau froide. Déposer dans une casserole la langue, l'oignon et les assaisonnements. Mijoter à couvert jusqu'à ce que la langue soit bien cuite. La laisser tiédir dans le liquide. Peler la langue, la couper en tranches minces et servir avec la sauce.

Pour la sauce, mélanger le bouillon refroidi avec le reste des ingrédients. Mijoter en brassant jusqu'à l'obtention d'une belle consistance.

## Pot-au-feu au caribou

125 g (¹/₄ lb) de lard salé
2 kg (4 lb) de caribou en gros cubes
graisse végétale
bouillon de caribou
sel et poivre
4 baies de genièvre
1 kg (2 lb) de carottes
2 gros oignons
2 poireaux
1 kg (2 lb) de haricots verts ou jaunes
1 navet en morceaux
6 branches de céleri
4 panais
1 kg (2 lb) de pommes de terre
1 chou coupé en quartiers


Blanchir le lard salé. Parer la viande. Faire un bouillon avec les os et les parures de caribou. Fondre la graisse dans un chaudron épais. Saisir la viande de tous les côtés. Couvrir de bouillon très chaud et ajouter le lard blanchi. Mijoter à couvert environ 2 heures. À la mi-cuisson, ajouter les assaisonnements. Ajouter les légumes, selon leur temps de cuisson et leur grosseur, afin d'avoir des légumes croustillants. (Le chou se dépose sur le dessus 15 minutes avant la fin de la cuisson.) Servir la viande entourée de légumes, et verser le bouillon dans une saucière.

## Caribou en croûte

**1 kg (2 lb) de caribou en tranches**
**225 g ($^1\!/_2$ lb) de tranches de porc de 0,6 cm ($^1\!/_4$ po)**
**225 g ($^1\!/_2$ lb) de tranches de veau de 0,6 cm ($^1\!/_4$ po)**
**225 g ($^1\!/_2$ lb) de tranches de jambon de 1,2 cm ($^1\!/_2$ po)**

**Marinade**

**$^1\!/_4$ t. de madère**
**1 pincée de sel**
**4 branches de persil**
**1 pincée de thym**
**2 c. à soupe d'huile d'olive**
**2 c. à soupe de cognac**
**1 pincée d'assaisonnement pour volaille**
**1 petit oignon haché**
**2 gousses d'ail**

**Farce**

**500 g (1 lb) de caribou haché**
**225 g ($^1\!/_2$ lb) de veau haché**
**225 g ($^1\!/_2$ lb) de porc haché**
**225 g ($^1\!/_2$ lb) de lard frais haché**
**2 à 3 c. à soupe d'olives noires hachées**
**60 g ($^1\!/_4$ t.) de pâté de foie**
**1 œuf**
**$^1\!/_4$ t. de vin rouge**
**$^1\!/_4$ t. de cognac**
**1 c. à soupe d'huile d'olive**
**1 pincée de sel**
**1 pincée d'assaisonnement pour volaille**
**pâte à pâté en croûte**
**bouillon gélatineux au madère**

Dans un bol, mélanger tous les ingrédients de la marinade. Y déposer les lanières de caribou, de porc, de veau et de jambon. Couvrir et laisser reposer toute la nuit ou plusieurs heures. Retirer la viande de la marinade.

Mélanger le caribou, le veau, le porc, le lard, les olives noires, le pâté de foie et l'œuf. Verser le vin, le cognac, l'huile d'olive et les assaisonnements. Couler la marinade dans la farce. Couvrir et laisser reposer toute la nuit. Foncer un moule avec la pâte à pâté en croûte. Déposer le tiers de la farce, le tiers de la viande en lanières. Répéter et finir avec la farce.

Recouvrir de pâte et bien sceller. Faire une ouverture au centre. Badigeonner de dorure et mettre une cheminée dans l'ouverture (un petit papier kraft (brun) roulé et entré dans la pâte afin d'empêcher le liquide de couler sur la pâte). Faire cuire au four à 150°C (300°F) environ 3 heures. Faire refroidir à demi. Couler un bouillon gélatineux au madère par l'ouverture du centre. Refroidir complètement avant de servir.

## Pâte à pâté en croûte

**4 t. de farine**
**1 c. à soupe de poudre à pâte**
**sel**
**³/₄ t. de graisse végétale**
**1 t. d'eau froide**
**¹/₄ t. d'huile végétale**
**1 jaune d'œuf**

Mesurer la farine sans la tamiser; ajouter la poudre à pâte et le sel. À l'aide de deux couteaux, travailler la graisse dans la farine. Faire une fontaine, y verser le mélange d'eau, huile et œuf. Bien mélanger.

Laisser reposer la pâte à la température de la pièce environ 30 minutes. Abaisser la pâte assez épaisse et couvrir le fond et les côtés de la casserole ainsi que le dessus.

**Fumet de caribou**

2 kg (4 lb) de parures et d'os de caribou
1 gros oignon piqué de clous de girofle
2 branches de céleri
1 poireau
4 pintes d'eau froide
1 feuille de laurier
sel et poivre

Mettre dans une marmite les parures, os et légumes, après les avoir fait rissoler pour obtenir un bouillon foncé. Couvrir d'eau froide, ajouter le laurier, le sel et le poivre. Faire chauffer lentement à découvert pendant 4 ou 5 heures. Le liquide doit mijoter et non bouillir. Écumer de temps à autre.

Récupérer la viande et les légumes. Passer le bouillon. Laisser refroidir sans couvercle. Réfrigérer ou congeler. Retirer la couche de graisse avant usage. Clarifier si nécessaire.

**Bouillon gélatineux**

Mesurer 1 c. à soupe de gélatine par tasse de liquide.
Faire réchauffer le bouillon clarifié. Faire gonfler la gélatine dans 2 c. à soupe d'eau froide. Ajouter au bouillon très chaud mais qui ne doit plus bouillir. Laisser dissoudre et faire refroidir.

# Les vins d'accompagnement

Comme le bœuf, le caribou peut être apprêté de plusieurs façons et servi à toutes les sauces. Sa viande est ni trop forte ni trop corsé tout en étant très colorée sans être noire. Quels vins peuvent bien accompagner la chair savoureuse de ce cervidé du Grand Nord?

Nous croyons important à ce stade-ci d'éliminer toute fausse conception. Le caribou n'appelle pas obligatoirement de grands vins chers et vieillis. Selon la préparation, tous les vins rouges, des légers aux très corsés, peuvent accompagner ce gibier.

Si l'on grille un steak de caribou dans un poêlon avec un peu de beurre, un rouge moyen, comme un bourgogne d'appellation commerciale (Nuits-Saint-Georges, Gevrey-Chambertin), un *chianti classico riserva* (Antinori, Rufffino) ou un vin du Bordelais d'appellation simple (Château Vieille Tour) peut créer l'équilibre désiré.

Si la viande de caribou est arrosée d'une sauce relevée, les vins d'accompagnement ont avantage à être plus corsés. Un excellent Rioja d'Espagne (Marqués de Caceres), un premier cru ou un grand cru de Bourgogne (Faiveley, Jadot, Latour) ou même encore certains crus classés du Médoc sont alors indiqués.

Le caribou sauce au poivre nécessitera un vin puissant tel un Barolo (Italie) ou un Cahors (France).

Les vins blancs à caractère prononcé, tels les Sauvignon, californiens ou certains blancs espagnols (Torres), de même que les rouges légers du Beaujolais, tel le Morgon «Les Nicouds» de la maison Gobet, peuvent s'harmoniser avec les terrines à base de caribou.

Malgré toutes ces suggestions, c'est votre goût personnel qui décidera du mariage final.

# Chapitre 8

# Où chasser le caribou?

Il suffit de jeter un coup d'œil sur la carte du Québec pour se rendre compte de l'immensité des étendues sauvages au nord de la civilisation. Le territoire du caribou est beaucoup plus vaste que celui que nous habitons nous-mêmes. Il est aussi plus vaste que celui de l'orignal ou du chevreuil.

La chasse au caribou se pratique dans les zones 19, 23 et 24, soit les anciennes zones 01, 03 et 04 (figure 8.1), et chacune est régie par des modalités précises.

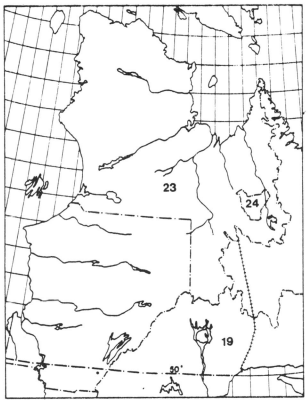

*Figure 8.1* **Régions de chasse au caribou au Québec**

## La zone 19

La chasse au caribou dans la zone 19 est circonscrite au territoire situé à l'ouest du chemin de fer reliant Sept-Îles à Schefferville, sur le bassin hydrographique de la Côte-Nord.

161

Le ministère du Loisir, de la Chasse et de la Pêche n'accorde des permis qu'aux personnes résidant au Québec. Une petite partie des permis est distribuée entre les pourvoyeurs de cette région et le reste fait l'objet d'un tirage au sort, à raison d'un permis par personne.

Chaque demande doit parvenir au Ministère avant la mi-mai, le sceau de la poste en faisant foi. (Vérifiez auprès du Ministère la date limite exacte.) Le tarif en vigueur est indiqué dans le résumé des règlements «Pêche, chasse et piégeage». Au cours du mois de juin, les personnes inscrites sont avisées du résultat du tirage et celles dont le nom n'a pas été retenu reçoivent leur titre de paiement par retour du courrier.

## La zone 24

Tout comme pour la zone 19, la chasse au caribou dans la zone 24 est réservée aux personnes résidant au Québec. Le Ministère a établi, en 1983, la limite de capture à deux caribous par chasseur et les permis sont accordés suivant la date de réception des inscriptions. Jusqu'à maintenant, la demande est inférieure au nombre de permis qui peut être délivré.

Tout chasseur qui se rend dans la zone 24 doit s'inscrire au poste de contrôle de Schefferville ou de Kuujjuaq. À la fin de son séjour, le chasseur doit se présenter au même poste de contrôle afin de signifier son retour et faire enregistrer son gibier.

## Les modalités d'inscription (zones 19 et 24)

Pour obtenir un permis de chasse au caribou pour les zones 19 et 24, chaque requérant doit faire une demande par écrit (aucune formule n'est requise). Les renseignements à fournir sont: nom, adresse, numéro de téléphone, numéro de certificat du chasseur et numéro de la zone. La demande, accompagnée d'un mandat-poste ou d'un chèque certifié, doit être envoyée à l'adresse suivante:

Ministère du Loisir, de la Chasse et de la Pêche
Service de la réglementation et des permis (section caribou)
150, boulevard Saint-Cyrille est, 4e étage
Québec (Québec) G1R 2B2

# La zone 23

Dans la zone 23, la chasse est ouverte à tous les chasseurs, résidant ou non au Québec, par l'intermédiaire d'un pourvoyeur autorisé. On peut se procurer un permis chez l'un des pourvoyeurs exploitant un établissement dans ce secteur. Le Ministère y a institué, en 1983, une chasse printanière en plus d'augmenter le quota à deux bêtes.

Les pourvoyeurs de cette région offrent différents types d'hébergement et de services qui conviennent à toutes les bourses. Ainsi, à partir de Schefferville, il peut vous en coûter moins de 1 000 $ pour un abri mobile temporaire (carré de tente ou autre), comme plus de 2 500 $ pour un chalet tout confort avec sauna (photo 8.1).

a)

*Photo 8.1* **Plusieurs pourvoiries du Nouveau-Québec sont très bien organisées, par exemple (a) celle de l'Auberge de la Colline (Wedge Hills) (b) dotée d'une cuisine bien équipée (c) ainsi que d'un réfrigérateur et d'un congélateur. (d) De retour au camp du pourvoyeur, les compagnons de chasse dégustent ensemble un repas bien mérité.**

*b)*

*c)*

d)

Aller dans la toundra pour moins de 1 000 $ tient déjà de l'exploit si l'on considère que les pourvoiries les plus proches de Schefferville se trouvent à une distance de 130 kilomètres et les plus éloignées à 265 kilomètres à vol d'oiseau. Par ailleurs, l'organisation assurant votre sécurité, les divers services offerts (location d'embarcation, de matériel divers, etc.), sans compter vos chances de succès, sont d'autres éléments pouvant justifier un tel coût.

Or, si vous craignez d'être laissé à vous-même aussi loin de la civilisation, ou si vous désirez simplement profiter des avantages que cela offre (économie de temps et de moyens), il est préférable de livrer l'organisation de votre voyage à un pourvoyeur (c'est d'ailleurs la seule façon au printemps à cause des conditions très rigoureuses, voire même périlleuses). Il faut néanmoins planifier soigneusement vos déplacements en avion: réservez longtemps à l'avance, demandez un numéro de dossier et confirmez vos places deux jours avant le départ.

On dénombre au total une quinzaine de pourvoiries, constituées en deux groupes principaux: les pourvoiries autochtones, autour de la baie d'Ungava, et les pourvoiries non autochtones, la plupart étant situées le long de la rivière George.

# À propos des permis

Chaque chasseur n'a droit qu'à un seul permis de chasse au caribou. Les permis ne sont pas remboursables, ni transférables d'un individu à un autre, pas plus que d'une zone à l'autre. Cette réglementation s'applique aux trois zones susmentionnées.

## Informez-vous!

Il est toujours possible que des changements aux modalités soient apportés d'une saison à l'autre. Pour plus de sûreté consultez le résumé des règlements «Pêche, chasse et piégeage». Pour tout renseignement concernant le transport, les pourvoiries, etc., adressez vous à l'un ou l'autre des cinq organismes suivants:

L'Association des pourvoyeurs du Québec
2900, boulevard Saint-Martin Ouest
Chomedey, Laval (Québec) H7T 2J2
Tél.: (514) 687-0041

L'Association des pourvoyeurs du Nouveau-Québec
Casier postal 127
Ancienne-Lorette (Québec) G2E 3M2
Tél.: (418) 872-5057

Artic Adventures
8102, route Transcanadienne
Saint-Laurent (Québec) H4S 1R4
Tél.: (514) 332-0880

Ministère du Loisir, de la Chasse et de la Pêche
**Direction régionale du Nouveau-Québec**
1995, boul. Charest ouest
Sainte-Foy (Québec) G1N 4H9
Tél.: (418) 622-3800

Tourisme Québec
Casier postal 20,000
Québec (Québec) G1K 7X2
Tél.: (514) 873-2015 (région de Montréal)
      1-800-361-5405 (ailleurs au Québec) (sans frais)

## Respectez l'environnement

Veuillez prendre les précautions nécessaires pour protéger l'environnement fragile du milieu nordique. Brûlez et enfouissez les déchets. Écrasez et rapportez les contenants non biodégradables, tels que boîtes de conserve, pots, bouteilles de bière, plats d'aluminium, etc. La toundra conservera ainsi tout son charme pour la plus grande joie des prochains chasseurs et des générations futures.

# Chapitre 9
# Caribou-trophée

Théoriquement, il est possible d'abattre un caribou-trophée dans n'importe quelle zone où la chasse est permise et à n'importe quel moment de l'année. Cependant, entre 1981 et 1984, les chasseurs ont eu de plus en plus de difficulté à abattre un mâle. En effet, pour chaque femelle adulte, ils ont récolté, en moyenne, un peu plus de trois mâles adultes en 1981 et un peu moins de deux mâles adultes en 1982. En 1983 et 1984, la tendance s'est maintenue, même que les chasseurs ont récolté un peu plus de femelles que de mâles.

Il semble que cette tendance à la baisse soit due à la difficulté d'adaptation des chasseurs aux nouvelles habitudes des caribous. Aussi plusieurs chasseurs ont-ils jugé bon de recourir aux services de pourvoyeurs afin de profiter de leur expertise et de leur expérience.

La formule des abris temporaires mobiles (photo 9.1), instituée en 1982, a connu un succès presque instantané, car elle permet de suivre plus facilement les caribous dans leurs déplacements. La popularité de ce type de séjour s'explique aussi par son coût, qui est beaucoup moins élevé que celui d'un séjour en pavillon tout équipé (plan américain).

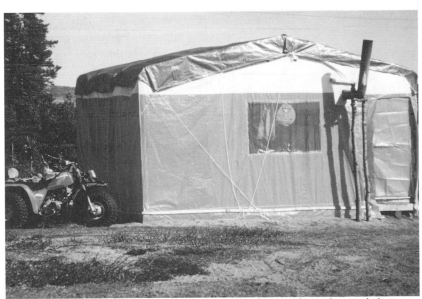

*Photo 9.1*  **Un mode de séjour intéressant et économique: le carré de tente ou abri temporaire mobile. Ci-dessus, un carré de tente du Club de Chasse et Pêche Tuktu.**

Les chasseurs qui ont les ressources suffisantes optent souvent pour ce dernier mode de séjour (photo 9.2) incluant les repas et l'hébergement. Bien que plus coûteux, ce type de forfait comporte de nombreux avantages, dont la réduction du temps alloué aux tâches domestiques. De plus, le pourvoyeur met parfois à la disposition des chasseurs des abris temporaires (camps satellites), situés dans des secteurs où se trouvent les bêtes tant convoitées.

**Photo 9.2** Chez le pourvoyeur, le chasseur de trophée loge dans un pavillon tout équipé. Il peut alors s'adonner sans contrainte à la chasse. Ci-dessus, quelques installations à la pourvoirie de l'Auberge de la Colline (Wedge Hills).

Cette formule «de luxe», adaptée à la chasse au trophée, comprend habituellement les services d'un guide (un par chasseur) expérimenté, c'est-à-dire qui est capable de repérer un panache susceptible d'être inscrit dans un registre des records mondiaux, que ce soit celui du Club Boone and Crockett ou du Safari Club International (S.C.I.). Dans ce cas, il peut arriver que le pourvoyeur fixe le quota à une seule bête.

## Les pourvoyeurs

Au tout début des années 1950, seuls les autochtones et quelques étrangers connaissaient l'existence du caribou du Québec-Labrador (une des quatre variétés reconnues par les chasseurs de trophée). Puis, en 1952, un projet de 355 M$ pour le développement des mines de fer amena la création de villes en bordure d'un chemin de fer long de 572 kilomètres reliant Sept-Îles à Schefferville. L'établissement d'un service aérien quotidien a à son tour contribué à rapprocher davantage les hommes de cette région où abonde le caribou. Dès lors, quelques hommes vivant et travaillant avec les autochtones à Schefferville commencèrent à offrir des services de pourvoirie sous la tente, à l'ouest de Schefferville dans la région de la rivière Caniapiscau.

Au début des années 1960, on ne comptait que deux (au plus trois) pourvoiries dans la région du Québec-Labrador. Il fallut attendre les années 1970 avant que les gens du gouvernement du Québec ne s'intéressent vraiment au caribou et à ses déplacements. Après la découverte de l'étonnante concentration de la rivière George, le gouvernement, les pourvoyeurs et les habitants de cette région ont entrepris de promouvoir la chasse au caribou du Québec-Labrador.

Depuis 1970, 16 pourvoiries réparties à peu près également entre des non-autochtones, le long de la rivière George, et des autochtones, autour de la baie d'Ungava, sont en service.

En principe, tout chasseur peut abattre un caribou-trophée chez n'importe lequel de ces pourvoyeurs. En 1985, trois pourvoyeurs importants offraient toujours officiellement la chasse au trophée, soit M. Jack Humme de Laurentian Ungava Outfitters, M. Albert Fortier de l'Auberge de la Colline et M. Gerry Poitras du Club de Chasse et Pêche Tuktu. M. Poitras, qui offre ce service depuis 1977, serait, selon certains, l'un des grands promoteurs de cette chasse singulière. En 1983, son club de chasse avait à son actif 46 caribous-trophées du Québec-Labrador (sur une centaine d'inscriptions) enregistrés dans le livre des records du Safari Club International. Cet organisme prestigieux décerna un trophée à M. Gerry Poitras pour souligner son professionnalisme et la qualité de ses services.

La véritable chasse au trophée, qui se déroule durant deux ou trois semaines, constitue un type de chasse particulier. La plupart des pourvoyeurs n'offrent cette possibilité qu'à quelques-uns de leurs clients et, le plus souvent, sans l'annoncer, car en plus d'être une chasse assez coûteuse, les chances de réussite ne sont pas garanties.

Tous les chasseurs d'expérience dans ce genre d'expédition s'accordent pour dire que la réussite d'une chasse au trophée dépend beaucoup de l'expérience du guide et du pourvoyeur.

## À la poursuite d'un trophée

De nombreux chasseurs expérimentés dans la chasse du caribou-trophée sont unanimes: plus la saison est avancée, meilleures sont les chances de succès. Ainsi, si vous voulez récolter le caribou de votre vie, il vous faudra laisser l'équipement de pêche à la maison et défier les températures incertaines du mois de septembre.

Les caribous susceptibles de devenir des trophées sont les mâles matures, c'est-à-dire qui sont au sommet de leur «virilité». Ceux-ci se reconnaissent à leur large encollure blanche, très visible même de loin.

Au début de septembre, les panaches sont normalement recouverts de velours, et comme celui-ci fait paraître le panache plus imposant qu'il ne l'est en réalité, il devient difficile d'en évaluer le potentiel.

Dans la deuxième semaine de septembre (plus tard si la température ne s'est pas refroidie), soit à l'approche de la période du rut, les caribous commencent à se grouper. C'est généralement une très bonne période pour voir du caribou, mais les gros mâles se déplacent rarement en harde. Et si jamais il s'en trouve, l'évaluation de leur panache parmi tous les autres n'est pas chose facile. Les gros mâles font plutôt bande à part, en petits groupes de deux ou trois, et ils entreprennent leur migration une à deux semaines après le reste du troupeau. Il en est ainsi jusqu'à l'arrivée du temps froid (photo 9.3).

Après la mi-septembre, la réduction de la durée de luminosité durant le jour, couplée aux rigueurs du vent et aux bourrasques de neige, avive le désir de conquête chez les plus vieux mâles. C'est le début de la période du rut. Ces conditions de température rigoureuses sont favorables aux déplacements des grands monarques. De l'avis de plusieurs chasseurs expérimentés, la première journée ensoleillée qui suit une bourrasque de neige est souvent le meilleur temps pour la chasse.

*Photo 9.3* **Vers la fin de la saison, les grands mâles se déplacent en petits groupes, tels ces deux caribous à la nage.**

Le chasseur intéressé à capturer un trophée durant cette période de l'année doit donc se vêtir en conséquence et se munir de bonnes lunettes d'approche. En outre, il devra faire montre de persévérance, de discernement et de perspicacité s'il tient à décrocher un véritable trophée (photo 9.4)

## Qu'est-ce qu'un panache-trophée?

Tout le monde n'a pas l'occasion de chasser avec un guide spécialisé (ils sont très rares au Québec) en mesure d'évaluer sur le terrain si un panache de caribou a des chances raisonnables d'être inscrit dans un livre des records. Si tel est votre cas, les renseignements suivants vous seront d'une grande utilité.

Tout d'abord, une distinction s'impose: un très gros panache n'est pas nécessairement un trophée. La majorité des disciples de Nemrod se laissent facilement tenter, et avec raison, par un panache imposant (photos 9.5, 9.6 et 9.7). Il faut dire que la vue d'un caribou paré de son panache, même de taille moyenne, est toujours impressionnante. Mais pour qu'un panache puisse être inscrit à un concours ou, encore mieux, dans le livre des records du Club Boone and Crockett ou celui du S.C.I., il doit répondre à certaines exigences.

a)

**Photo 9.4** Lequel de ces caribous devra-t-on abattre pour récolter un panache-trophée?

b)

*Photo 9.5* Un gros caribou fait toujours la joie d'un chasseur. Voyons voir s'il s'agit d'un trophée... Ci-dessus, Julien Cabana du Journal de Québec.

*Photo 9.6* Voilà certes un caribou au panache imposant.

177

Un panache-trophée peut présenter une combinaison équilibrée entre son envergure (largeur) et sa symétrie ou une combinaison d'autres caractéristiques (selon le système de mensuration appliqué). Par exemple, un panache d'environ deux mètres (80 po) d'envergure mais dont les merrains sont quasiment dépourvus d'andouillers, n'a pas nécessairement de valeur comme trophée.

*Photo 9.7* **La symétrie d'un panache est une caractéristique fort recherchée par les chasseurs. Et si le panache ne mérite pas une mention dans un livre de records, il n'en demeure pas moins un souvenir impérissable pour l'auteur de sa capture. Ci-dessus, le groupe de l'Institut national des Viandes (lors de la saison 1985) avec un fort joli panache. De gauche à droite: Jean-Marie Laurence, caméraman, Roger Fortier, président de l'INVI, Réjean Lemay, professeur à l'INVI, Alain Fortier et John Taylor, photographe.**

Par contre, un panache d'un mètre et demi de largeur muni de larges palmures terminales qui se prolongent en une demi-douzaine de longs andouillers, de deux larges «pelles» palmées s'avançant au-dessus du nez de l'animal et de pointes arrières, constitue, à n'en pas douter, un trophée intéressant (figure 9.1). Sur le terrain, le chasseur de trophée doit évaluer ces caractéristiques avant de faire feu.

Le chasseur peut parvenir à faire une première évaluation du panache en l'observant de face et de côté (figure 9.2). Plusieurs chasseurs d'expérience sont d'avis que, de face, l'envergure du panache peut parfois représenter le double de la largeur du corps

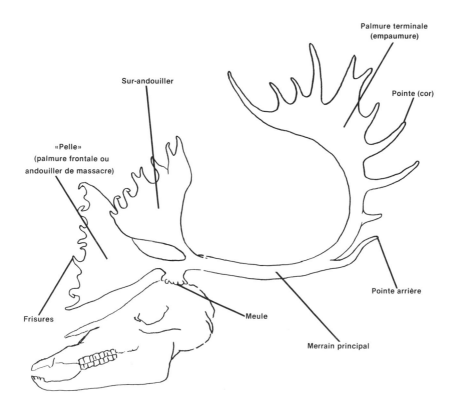

Palmure terminale
(empaumure)

Sur-andouiller

Pointe (cor)

«Pelle»
(palmure frontale ou
andouiller de massacre)

Pointe arrière

Frisures

Meule

Merrain principal

*Figure 9.1* **Panache de caribou**

du caribou. La hauteur du panache peut être égale et même supérieure à la hauteur à l'épaule de l'animal.

Vu de côté, le panache peut s'étendre vers l'arrière jusqu'au milieu du dos de l'animal. D'autres détails vous seront donnés un peu plus loin lorsqu'il sera question des systèmes de mensuration.

Si, après la lecture de ce chapitre, vous n'êtes pas plus tenté de concentrer tous vos efforts en vue d'obtenir un record, vous serez néanmoins très fier de pouvoir reconnaître, au hasard d'une rencontre, un «vrai» panache-trophée.

179

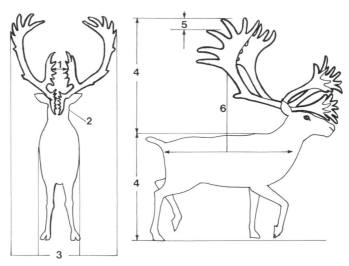

1- Andouillers larges et palmés

2- «Pelles» larges et palmées

3- L'envergure du panache peut faire le double de la largeur du corps de l'animal

4- La hauteur du panache peut être supérieure à la hauteur à l'épaule de l'animal

5- Plusieurs longs andouillers de chaque côté

6- Le panache peut s'étendre jusqu'à la moitié du dos de l'animal

*Figure 9.2* **Évaluation primaire d'un panache de caribou «sur le terrain»**

## Facteurs de développement d'un panache

L'allure d'un panache dépend de trois facteurs principaux, soit l'âge de l'animal (maturité sexuelle), ses caractéristiques génétiques et une bonne nutrition.

Un panache atteint son développement maximal quand le mâle est au sommet de sa virilité. Passé ce stade, le panache devient de moins en moins bien formé.

Fait étonnant, la configuration du panache au cours de la vie de l'animal ne change pas. Seules ses dimensions changent.

Cependant, la «finition» d'un panache, soit ce qui le rend beau à nos yeux, sera d'autant plus belle que l'alimentation du caribou sera suffisante. En d'autres mots, c'est la nutrition qui permet ou ne permet pas au panache d'atteindre tout son potentiel.

## Les systèmes de mensuration

Il existe plusieurs méthodes pour mesurer un panache de caribou. Les plus reconnues par les chasseurs de trophée semblent être celles du Club Boone and Crockett et du S.C.I. Pour des raisons pratiques, ces deux organismes distinguent chez le caribou quatre variétés ou groupes d'origine, auxquels on accorde un nombre minimal et distinct de points.

### Les variétés de caribou

La classification du caribou comprend les quatre groupes d'origine suivants: le caribou du Québec-Labrador (Quebec Labrador Caribou), le caribou des montagnes (Mountain Caribou), le caribou des bois (Woodland Caribou) et le caribou de la toundra (Barren Ground Caribou) (figure 9.3).

Cette classification extrêmement controversée, même chez les grands spécialistes dans le domaine, est basée sur des considérations d'ordre biologique ou d'ordre pratique (pour la chasse). Les données qui suivent sont tirées du livre du Safari Club International.

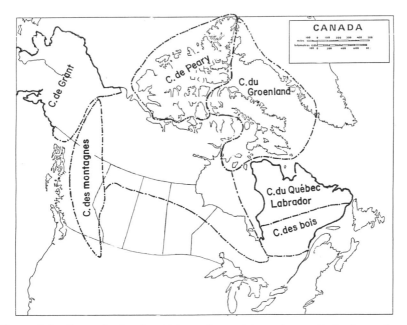

*Figure 9.3* **Exemple de répartition géographique des variétés de caribou**

## Le caribou du Québec-Labrador
## (Quebec Labrador Caribou)

### *Rangifer tarandus caribou*

Le caribou des grandes hardes du nord du Labrador et du nord du Québec (celui qu'on trouve au nord de Schefferville), reconnu comme la variété dans laquelle on compte les panaches les plus imposants de l'est du Canada, est désigné sous le nom de caribou du Québec-Labrador.

La partie du Québec et du Labrador située au nord du 53$^e$ parallèle de latitude qui s'étend du lac Melville, dans l'est du Labrador, jusqu'à Fort Rupert, sur la rive est de la baie James constitue l'aire de distribution du caribou du Québec-Labrador.

## Le caribou des montagnes (Mountain Caribou)

### *Rangifer tarandus caribou*

Le caribou des montagnes Rocheuses est assez imposant et porte des bois souvent massifs. Longtemps les chasseurs l'ont rangé dans la classification «caribou des montagnes», celle-ci incluant les bêtes de l'Alberta et de la Colombie-Britannique. À cause d'une grande confusion entre les variétés de caribous dans l'ouest du pays, on a finalement convenu de s'en tenir à une délimitation géographique.

L'animal connu sous le nom de caribou des montagnes évolue dans une zone assez étendue comprenant l'Alberta et la Colombie-Britannique, la partie du Yukon comprise au sud de la rivière Stewart et de la jonction des rivières Stewart et Yukon, au sud de la rivière Yukon, la partie des Territoires du Nord-Ouest au sud du 66$^e$ parallèle de latitude et au nord de Fort Simpson, ainsi que le territoire compris à l'ouest de la rivière Mackenzie et au sud de Fort Simpson, et celui à l'ouest de la rivière Liard.

## Le caribou des bois (Woodland Caribou)

### Rangifer tarandus caribou

Selon certains biologistes, le caribou qui vit dans les forêts du sud du Canada est le caribou des bois.

On trouverait le caribou des bois à Terre-Neuve, en Nouvelle-Écosse, au Nouveau-Brunswick et en Ontario, dans la partie du Québec et du Labrador au sud du 53$^e$ parallèle de latitude, soit à partir du lac Melville dans l'est du Labrador jusqu'à Fort Rupert sur la rive est de la baie James, et dans la partie du Manitoba et de la Saskatchewan située au sud du 57$^e$ parallèle.

## Le caribou de la toundra (Barren Ground Caribou)

### Rangifer tarandus granti,
### R.t. groenlandicus, R.t. pearyi

Le registre des records du Safari Club International (édition 1982) fait état de la présence du caribou de la toundra dans trois groupes biologiques distincts.

1. Le *Rangifer tarandus granti* vit en Alaska, au nord du Yukon et de la vallée de la rivière Mackenzie dans la partie nord-ouest des territoires du Nord-Ouest. On le désigne sous le nom de «grand caribou» (Grant Caribou).
2. Le *Rangifer tarandus groenlandicus* habite le Groenland, l'île de Baffin, l'île Southampton, la portion principale des Territoires du Nord-Ouest (excepté la partie à l'extrême ouest) et le nord du Manitoba et de la Saskatchewan. On le désigne sous le nom de «caribou du Groenland» (Greenland Caribou).
3. Le *Rangifer tarandus pearyi* vit dans les îles arctiques des Territoires du Nord-Ouest (excepté les îles de Baffin et de Southampton). On le désigne sous le nom de «caribou Peary» (Peary Caribou).

## Les livres de records officiels

Les plus anciennes collections de trophées remonteraient au XVI<sup>e</sup> siècle, alors que la reine d'Angleterre demandait aux colons de lui rapporter des spécimens d'animaux du «Nouveau Monde». Durant les trois siècles suivants, de petites collections furent acheminées par bateau. D'autres collections de trophées auraient été montées par la compagnie de la baie d'Hudson, qui avait demandé aux gérants de camps de leur envoyer des têtes et des panaches exceptionnels avec les fourrures.

On ne parlera véritablement d'enregistrement ou de publication de records qu'en 1892 alors qu'un certain Rowland Ward publia un ouvrage intitulé «Records de gros gibiers» *(Records of Big Game)*. Cette publication a maintenant passé le cap de sa I7<sup>e</sup> édition.

Le général anglais Baden-Powell, fondateur du mouvement scout, était, semble-t-il, un chasseur de trophée et, en 1899, son club de chasse publia un livre de records. Plusieurs autres livres de records ont vu le jour entre 1892 et 1932, mais aucun n'est devenu une véritable référence officielle.

En 1932, le Club Boone and Crockett publie son premier livre de records «Records de gros gibiers nord-américains» *(Records of North American Big Game)* et le tirage n'est alors que de 500 exemplaires. Depuis 1952, une nouvelle édition du livre paraît tous les six ans. Entre 1935 et 1978, il semblait n'exister que deux types de livres de records: le Rowland Ward pour l'Afrique et le Boone and Crockett pour l'Amérique du Nord.

Comme il n'existait jusqu'à cette date aucune source répertoriant tous les records mondiaux de gibier, le Safari Club International décida de combler cette lacune et publia son propre livre de records. Plusieurs autres éditions révisées de ce livre ont paru depuis.

## Le Safari Club International

Le Safari Club International a mis au point des méthodes de mensuration et de pointage pour le gros gibier-trophée à travers le monde (figure 9.4). Son système se distingue des autres méthodes en ce qu'il ne repose pas sur la symétrie. Ainsi, aucun point n'est enlevé si, par exemple, les deux merrains d'un panache ont des mesures différentes. Le S.C.I. accorde beaucoup plus d'importance à la «virilité» d'un panache.

Dans cette même optique, le S.C.I. croit que la hauteur d'un panache est aussi valable que sa largeur. Par conséquent, il a choisi de
ne pas pénaliser le premier et n'accorde aucun point pour l'envergure des bois.

Ce système favorise donc l'attribution d'un certain nombre de
points pour la longueur des palmures et pour la longueur de chaque
pointe. Pour la palmure terminale, le S.C.I. tient compte également
de la circonférence du merrain principal.

Voici de façon plus détaillée les différentes étapes relatives à
cette méthode de mensuration. Les données présentées proviennent exclusivement du livre de records du S.C.I., et nous ne pre-
nons pas à notre compte leur exactitude en raison des changements
qui ont pu être apportés avec les années. Seuls les règlements éta-
blis par le S.C.I. doivent être considérés comme officiels. Les renseignements suivants vous sont donc donnés à titre informatif et,
nous l'espérons, faciliteront votre compréhension du système.

En 1984, certains petits ajouts et changements mineurs ont
été apportés en ce qui concerne les renseignements à inscrire sur
le formulaire d'inscription. Dans l'espace supplémentaire prévu à cette
fin, il faut inscrire la méthode d'abattage (arc, carabine), son numéro
de membre du S.C.I. ainsi que son numéro de téléphone.

Nous reproduisons pour le bénéfice des lecteurs une liste des
dix premiers records du monde pour le caribou du Québec-Labrador
(photo 9.8) à partir de la liste des 83 trophées publiée dans le livre
des records du S.C.I. (édition 1982). On y mentionne qu'un minimum de 280 points est requis pour être inscrit dans le livre de records.

## Le Club Boone and Crockett

C'est en 1932 que le Club Boone and Crockett commença à
s'intéresser aux trophées de gros gibier nord-américain. À cette époque, son système de mensuration était encore archaïque. En 1947,
le club tint sa première «compétition» et, en 1950, il modifia son
système, qui est celui que l'on connaît aujourd'hui.

Depuis 1947, environ 17 compétitions reconnues ont eu lieu;
leurs programmes sont basés sur des périodes d'inscription de trophées étalées sur trois ans. Le 15e programme officiel de remise
de prix, tenu en 1974, a été le premier réalisé avec la participation

## MÉTHODE V – CARIBOU

**(Si le panache est recouvert de velours, déduire 5 % du pointage final.)**

**A.** La longueur des merrains principaux se mesure sur leur surface extérieure, à partir de la base, située juste au-dessus de la meule, jusqu'à son extrémité la plus éloignée. La ligne pointillée qui apparaît sur la figure et qui sert de guide se trouve en plein centre du merrain, du même côté.

**B.** Mesurer la circonférence de la meule (exclure toute malformation) en faisant une «loupe» continue avec le ruban à mesurer.

**C.** Pour déterminer la base d'une pointe, tracer une ligne imaginaire le long de la courbe extérieure du merrain principal ou d'une autre pointe. Mesurer à partir de cette ligne imaginaire jusqu'à l'extrémité de la pointe. Une pointe peut aussi être mesurée sur n'importe laquelle de ses surfaces pour obtenir une longueur égale ou supérieure à sa largeur à la base. Le minimum requis est de un demi-pouce. Mesurer la largeur de toutes les pointes, sauf celle qui constitue l'extrémité du merrain principal.

**D.** Compter le nombre total de pointes incluant les pointes du merrain principal.

**E.** Mesurer la circonférence de la palmure terminale dans sa partie la plus large. Avec un ruban à mesurer, former une «loupe» serrée à angle droit avec l'axe du merrain. S'assurer de mesurer la palmure seulement et ne pas inclure la base d'une pointe «en fourchette». Dans le cas d'une palmure séparée, la partie la plus large de la palme est considérée comme la vraie palme et sa circonférence sera mesurée à cet endroit. La partie la plus étroite (habituellement la partie la plus basse) sera comptée comme une pointe et se verra attribuer des points additionnels.

**F.** Faire le total des points et indiquer les fractions en huitièmes de pouce.

## MÉTHODE V FORMULE D'ENREGISTREMENT
### Safari Club International

CONTINUER AU VERSO

|  | Gauche | Droite |
|---|---|---|
| **A.** Longueur des merrains principaux |  |  |
| **B.** Circonférence de la meule |  |  |
| **C.** Longueur de toutes les autres pointes |  |  |
| **D.** Nombre total de pointes |  |  |
| **E.** Circonférence de la palmure terminale |  |  |
| **F.** Total |  |  |

Nom _____ Variété _____

Adresse _____
　　　　　Rue

Chapitre _____ Guide _____
　　　　　　　　　　　　　　　　　　ou pourvoyeur

Date de l'abattage _____ Date de mensuration _____

Lieu d'abattage _____
　　　　　　　　Région/État ou province

Mesureur officiel _____
　　　　　　　Écrire ou dactylographier le nom ici

Signer ici

Remplir ce formulaire et le faire parvenir avec vos frais d'inscription à l'adresse suivante: **Safari Club International, 5151 East Broadway, Suite 1680, Tucson, Arizona 85711.**
(Le comité se réserve le droit de procéder à une nouvelle mensuration de tous les panaches inscrits. Le concours des ''Medallion Awards'' est un concours différent et requiert des frais d'inscription additionnels.)

### TABLEAU DES LONGUEURS DE TOUTES LES POINTES

|  | Gauche | Droite |
|---|---|---|
| C-1 |  |  |
| C-2 |  |  |
| C-3 |  |  |
| C-4 |  |  |
| Total |  |  |

*Figure 9.4* **Formule d'enregistrement du Safari Club International**

*Photo 9.8* Le record mondial du Safari Club International (jusqu'à la saison 1983) a été obtenu par M. Don Corley du Texas, lors d'une chasse au lac Mistinibi sur le territoire du Club de Chasse et Pêche Tuktu. Son panache a remporté un total de 480 $^6/_8$ points, battant ainsi le record de 476 $^4/_8$ points établi par M. Thornton Snider en 1979.

de la National Rifle Association of America, laquelle, jusqu'en 1985, était toujours reliée aux activités du club. Près d'une vingtaine de concours se sont déroulés jusqu'à maintenant.

Ce club publie un livre des records officiels dont une dizaine d'éditions révisées et mises à jour sont parues jusqu'à maintenant. Le livre comprend une liste de plus de 6 000 trophées individuels dans plus de 30 catégories de gros gibier nord-américain. On trouve aussi un formulaire de pointage officiel, des photos de trophées dans chaque catégorie et un texte sur la chasse où l'on décrit la capture des trophées.

Le système du Club Boone and Crockett évalue les mêmes variétés de caribou (groupes d'origine) que le Safari Club International, soit le caribou du Québec-Labrador, le caribou des montagnes, le caribou de la toundra et le caribou des bois. Pour le caribou du Québec-Labrador, soit celui qui se trouve au nord de Schefferville, le minimum requis est de 375 points (selon les règlements en vigueur en 1985). Dans le système Pope and Young, basé sur les mêmes méthodes de mensuration, on abaisse le nombre minimal de points

# Tableau 9.1 Les dix premiers records du monde — Safari Club International

Caribou du Québec-Labrador (*Rangifer tarandus caribou*)    Méthode de mesure V    Pointage minimum: 280

| Chasseur | Date | Lieu | Longueur merrains principaux | | Circonférence de la base du panache | | Longueur des autres pointes | | Total des points | Circonférence de la palmure supérieure | | Pointage | Rang |
|---|---|---|---|---|---|---|---|---|---|---|---|---|---|
| | | | Gauche | Droite | Gauche | Droite | Gauche | Droite | | Gauche | Droite | | |
| Don Corley | 9/83 | Québec | 52 | 47 | 7 4/8 | 7 5/8 | 135 | 153 4/8 | 52 | 11 6/8 | 14 3/8 | 480 6/8 | 1 |
| Thornton Snider | 9/79 | Québec | 48 7/8 | 47 1/8 | 7 4/8 | 7 3/8 | 126 1/8 | 154 6/8 | 51 | 16 6/8 | 17 | 476 4/8 | 2 |
| Collins Kellogg | 9/78 | Québec | 48 1/8 | 44 6/8 | 6 5/8 | 6 4/8 | 130 6/8 | 134 1/8 | 56 | 17 3/8 | 13 6/8 | 458 3/8 | 3 |
| Richard Mielke | 9/79 | Québec | 50 3/8 | 48 1/8 | 7 6/8 | 7 4/8 | 156 2/8 | 113 7/8 | 51 | 9 7/8 | 8 2/8 | 453 | 4 |
| Jack Campnell, Jr. | 9/80 | Québec | 65 6/8 | 61 4/8 | 9 3/8 | 9 3/8 | 131 2/8 | 113 3/8 | 38 | 10 | 10 4/8 | 448 6/8 | 5 |
| Robt. Zachrick | 9/80 | Québec | 50 5/8 | 53 2/8 | 7 1/8 | 6 5/8 | 140 | 130 1/8 | 47 | 6 2/8 | 7 5/8 | 448 5/8 | 6 |
| Larry Barnett | 9/78 | Québec | 57 6/8 | 55 1/8 | 8 2/8 | 8 5/8 | 141 2/8 | 92 4/8 | 56 | 13 2/8 | 10 3/8 | 443 1/8 | 7 |
| R. A. Schriewer | 9/80 | Québec | 58 7/8 | 59 7/9 | 8 4/8 | 8 4/8 | 138 3/8 | 111 2/8 | 36 | 8 | 8 6/8 | 438 4/8 | 8 |
| Thomas Decker | 9/78 | Québec | 56 | 58 | 6 7/8 | 6 6/8 | 123 1/8 | 126 6/8 | 43 | 7 3/8 | 7 2/8 | 435 1/8 | 9 |
| Joseph Krausz | 9/80 | Québec | 52 4/8 | 53 2/8 | 6 4/8 | 6 4/8 | 107 6/8 | 126 3/8 | 55 | 11 4/8 | 13 6/8 | 433 1/8 | 10 |

afin de laisser aux archers la chance de s'inscrire dans un autre livre de records.

Le formulaire ci-après indique le système de mensuration officiel du Club Boone and Crockett. Les directives suivantes vous aideront à le remplir.

— Se servir d'un ruban d'acier flexible pour mesurer. Toutes les mensurations doivent être prises et inscrites au huitième de pouce près. Si, lors d'une mesure, on doit changer la direction du ruban, il faut prendre soin de faire une marque à cet endroit.

— Les mensurations inscrites aux lignes A et B de la colonne «données supplémentaires» concernent la configuration générale du panache et ne doivent pas être incluses dans le total des points.

A. Envergure de l'extrémité d'un merrain principal à l'autre
   C'est la distance entre l'extrémité d'un merrain principal à un autre. Mesurer comme le montre la figure 9.5.

B. Envergure maximale
   L'envergure maximale est la distance entre les deux points les plus éloignés (au niveau du merrain principal ou des pointes), là où l'écart est le plus grand. Mesurer en ligne droite et perpendiculairement à l'axe longitudinal de la tête.

C. Envergure intérieure maximale d'un merrain principal à l'autre
   Mesurer entre les deux merrains principaux, en ligne droite et perpendiculairement à l'axe longitudinal de la tête, là où l'écart intérieur est le plus grand. Inscrire cette mensuration dans la colonne 1 (crédit pour l'envergure) si elle est inférieure ou égale à celle de la longueur du merrain le plus long.

D. Nombre de pointes à chaque merrain
   La longueur minimale d'une pointe, à partir de son extrémité, est de un demi-pouce et sa longueur totale doit être supérieure à la largeur de sa base. On peut mesurer une pointe à n'importe quel endroit à condition que ces critères soient respectés. L'extrémité du merrain principal est comptée comme une pointe mais elle ne doit pas être mesurée comme telle.

## Figure 9.5 Système officiel de mensuration du Club Boone and Crockett

**SYSTÈME OFFICIEL DE MENSURATION POUR LE GROS GIBIER DE L'AMÉRIQUE DU NORD**
**CLUB BOONE AND CROCKETT**
**201, SOUTH FRALEW BOUL., DUMFRIES, VIRGINIA 22026**

*Pointage minimum:*
caribou de la toundra: 400
caribou des montagnes: 390
caribou du Québec-Labrador: 375
caribou des bois: 295

**CARIBOU**

VARIÉTÉ DE CARIBOU _____

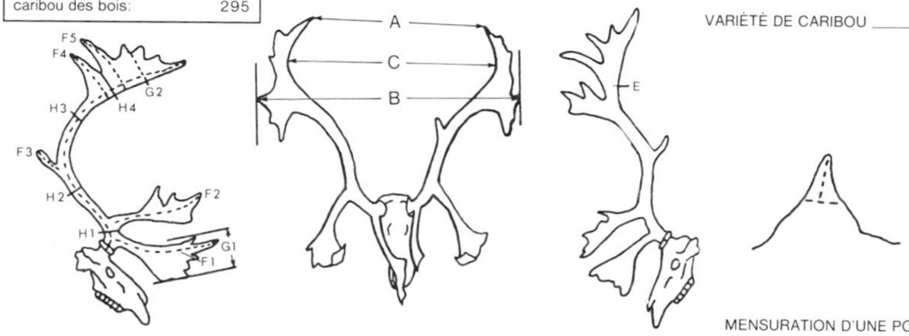

MENSURATION D'UNE POINTE

| VOIR INSTRUCTIONS AU VERSO | DONNÉES SUPPLÉM. | COL. 1 | COL. 2 | COL. 3 | COL. 4 |
|---|---|---|---|---|---|
| A- Envergure de l'extrémité d'un merrain principal à l'autre | | Crédit pour l'envergure | Bois droit | Bois gauche | Différence |
| B- Envergure maximale | | | | | |
| C- Envergure intérieure maximale d'un merrain principal à l'autre. Le crédit pour l'envergure peut égaler mais non dépasser la longueur du bois le plus long. | | | | | |
| Si l'envergure intérieure excède la longueur du bois le plus long, inscrire ici la différence | | | | | |
| D- Nombre de pointes à chaque bois en excluant les andouillers frontaux. | | | | | |
| E- Longueur du merrain principal | | | | | |
| F-1 Longueur de l'andouiller frontal (1$^{re}$ pointe) | | | | | |
| F-2 Longueur du 2$^{e}$ andouiller | | | | | |
| F-3 Longueur de la pointe arrière (si présente) | | | | | |
| F-4 Longueur de la 2$^{e}$ plus longue pointe terminale | | | | | |
| F-5 Longueur de la plus longue pointe terminale | | | | | |
| G-1 Largeur de la palmure frontale | | | | | |
| G-2 Largeur de la palmure terminale | | | | | |
| H-1 Plus petite circonférence entre l'andouiller frontal et le 2$^{e}$ andouiller | | | | | |
| H-2 Plus petite circonférence entre le 2$^{e}$ andouiller et la pointe arrière (si celle-ci est présente) | | | | | |
| H-3 Plus petite circonférence mesurée avant la 1$^{re}$ pointe terminale | | | | | |
| H-4 Plus petite circonférence mesurée entre les deux plus longues pointes terminales | | | | | |
| TOTAL | | | | | |

| SOMME | COL. 1 | | Endroit précis de l'abattage: |
|---|---|---|---|
| | COL. 2 | | Date de l'abattage:  /  /   Nom du chasseur: |
| | COL. 3 | | Propriétaire actuel du trophée: |
| | TOTAL | | Adresse: |
| Moins COL. 4 | | | Nom et adresse du guide: |
| Pointage final | | | Remarques personnelles: (mentionner toute anomalie ou tout trait particulier) |

E. Longueur du merrain principal

Mesurer le long d'une ligne centrale sur la face extérieure du merrain principal, à partir du dessus de la meule jusqu'à l'extrémité de ce qui est ou semble être le merrain principal.

F.1-2-3 Longueur des pointes

Mesurer le long de la surface externe de la pointe, de la base à l'extrémité de celle-ci et cela en plein centre. Pour en déterminer la base, aligner le ruban à mesurer sur la surface extérieure du merrain de façon à faire coïncider le rebord du ruban et le bord supérieur du merrain de chaque côté de la pointe. Tracer un trait à cet endroit. Cette ligne sous la pointe représente sa ligne de base et sert de point de départ pour mesurer la longueur.

F.4-5

Mesurer ces pointes depuis leur extrémité jusqu'au bord inférieur du merrain. Une « deuxième plus longue pointe » ne peut partir de la pointe la plus longue.

G.1 Largeur de la palmure frontale

Mesurer en ligne droite d'un bord à l'autre de la palmure.

G.2 Largeur de la palmure terminale

Mesurer à partir du bord inférieur (ou arrière) du merrain principal jusqu'au fond d'un creux formé entre deux points, là où la largeur est la plus grande.

H.1-2-3-4 Circonférences

En l'absence de pointe arrière, mesurer H.2 et H.3 au plus petit endroit entre le deuxième andouiller et la première pointe terminale.

Si vous croyez avoir récolté un panache qui pourrait accumuler un total de points légèrement inférieur ou presque égal au nombre minimal de points exigé (375 points pour le caribou du Québec-Labrador), il vaut alors la peine de le faire mesurer par un officiel du Club. Une liste à jour des mesureurs autorisés est fournie sur demande.

Plusieurs critères d'éligibilité sont rigoureusement appliqués et vous devez les connaître. En voici quelques-uns.

— Les mensurations officielles doivent être prises dans un délai de 60 jours après l'abattage de l'animal.
— Le panache et le crâne doivent former un tout et ne doivent pas avoir été sciés pour le transport. Si votre trophée est déjà naturalisé, il devra être démonté avant d'être mesuré.
— Les mensurations doivent être prises par un mesureur officiel en présence d'un témoin.
— Les trophées obtenus par des méthodes dites déloyales ne sont pas acceptés. Cela comprend le fait de repérer et de diriger le gibier à bord d'aéronef ou de tout autre véhicule motorisé.
— Toute feuille de pointage doit être accompagnée des éléments suivants:
- le montant des frais d'inscription (plus de 20 $ U.S.);
- des photos du trophée (sous différents angles);
- un formulaire d'information du chasseur;
- une déclaration notariée de «Fair Chase» (abattage sportif);
- une copie du permis de chasse ou des coupons d'abattage.

À noter que des formulaires de pointage avec les instructions sont offerts à bon prix.

Pour plus de renseignements:

North American Big Game Awards Program
C/O National Rifle Association of America
1600, Rhode Island Ave. N W
Washington, D. C. 20036

NOTE  Les systèmes de mensuration de panaches pouvant être révisés, nous vous suggérons de vous adresser directement aux clubs de chasse mentionnés précédemment pour obtenir les données les plus récentes ou encore si vous désirez obtenir plus de renseignements.

# Chapitre 10
# La noyade de 10 000 caribous

La prédisposition des caribous à traverser les cours d'eau en rangs serrés est l'un des éléments qui aurait contribué à la noyade historique de septembre 1984.

Le 30 septembre 1984 se produisait l'un des incidents écologiques les plus couverts par la presse mondiale. La noyade des 10 000 caribous, au pied de la chute du Calcaire sur la rivière Caniapiscau, venait de passer à l'histoire (photo 10.1). Nous n'avons pas ici la prétention de détenir la vérité sur cet événement ni l'intention d'en faire le procès. Nous désirons seulement exposer quelques hypothèses susceptibles d'apporter des éléments de réponse à des questions souvent soulevées. Ainsi, quelles sont les circonstances ayant entouré cette mortalité massive? S'agit-il d'une catastrophe ou d'un incident naturel sans conséquence pour le cheptel?

## L'incident

Au cours des trois derniers jours de septembre 1984, on a observé un nombre inhabituel de carcasses de caribous à la dérive et sur les berges d'une partie des rivières Caniapiscau et Koksoak, à environ 100 kilomètres en amont du village de Kuujjuaq (figure 10.1 et photo 10.2). Un premier inventaire a permis de dénombrer plus de 7 000 carcasses alors que le compte final s'élève à environ 10 000 victimes.

*Photo 10.1*  **Les chutes où la désormais célèbre noyade s'est produite.**

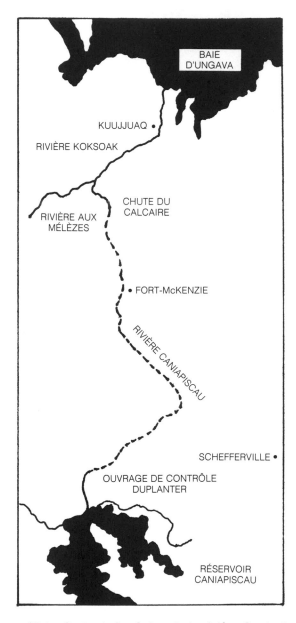

**Figure 10.1**   Carte de la région de la rivière Caniapiscau

Il existe plusieurs versions sur le déroulement de l'incident. Nous en retiendrons une, sans toutefois prendre à notre compte l'exactitude des faits décrits, soit celle donnée par M. Camille Laverdière dans le journal *Le Devoir*, en janvier 1985.

«Après avoir traversé et retraversé le Kuujjuaq (sic) qui ne porte aucun rapide, les bêtes se seraient dirigées au pas ou au trot léger vers le sud, puis rapprochés de la rivière au premier bruit d'importance entendu, celui de la chute du Calcaire. La harde était constituée non pas d'une masse compacte, mais d'un ensemble de longues files très rapprochées, comme en témoignent les pistes nécessairement nombreuses à la surface de la vaste terrasse de sable qui se développe sur la rive droite de la rivière, représentée par un brûlis en repousse; au contraire, le talus ou les berges sont tenus par une belle lisière d'épinettes adultes.

«Attirés par les bruits de la chute qu'ils ne pouvaient voir sauf le nuage de fines gouttelettes d'eau qui s'en échappe continuellement, visible au loin, les caribous de tête, en continuel relais, ont dû entreprendre leur descente d'une berge abrupte densément boisée, parmi les cailloux et les blocs, les affleurements rocheux affectant la forme d'un escalier de géant, dangereux. Ces accidents topographiques et la couverture végétale exigeaient que les alignements d'animaux se fractionnent.

«Les premières bêtes débouchant subitement dans un étroit fourré de saules et d'aulnes constituant une dense formation riveraine, n'ont pu hésiter avant de se mettre à l'eau, malgré le courant, pressées par toutes celles qui dévalaient derrière. Écartons la vieille femelle entraînant à sa suite tous les autres! Du niveau des eaux, elles ne pouvaient voir le vide en aval de la chute, d'autant plus que la rive décrit une convexité subite à cet endroit. Le courant dut les entraîner obliquement vers une île allongée qui se termine dans la chute, divisant la rivière en deux bras. Les bêtes atteignirent la rive, s'arrêtèrent pour se secouer énergiquement comme elles le font toujours, bloquant ainsi la venue à terre des autres, si bien que l'île devint rapidement engorgée, obligeant même les animaux à la nage à faire demi-tour; le flot animal se poursuivant, ce fut la panique. La traversée du deuxième bras de la rivière dut s'effectuer dans un comportement analogue, sauf que les bêtes étaient cette fois plus près de la chute. En tout, 9 604 caribous ont été impitoyablement emportés à leur perte...»

*a)*

**Photo 10.2** Scènes de l'hécatombe historique.

*b)*

## Les causes

Pour certains, les causes de cet incident sont naturelles, pour d'autres, humaines. Le comportement des caribous lors de la traversée a été soulevé à maintes reprises. Tout d'abord, il semble que les caribous, dans leur habitude à franchir les cours d'eau, ont développé une certaine insouciance face aux dangers du courant. Ils seraient aussi attirés par le bruit des chutes, les rétrécissements leur paraissant sans doute plus faciles d'accès.

Les noyades de caribous dans l'Ungava sont fréquentes durant les migrations. Ça fait longtemps qu'on trouve des carcasses au pied de la chute du Calcaire, comme dans plusieurs rapides d'autres rivières. Ce qui est nouveau, ce n'est pas la noyade, mais le nombre des victimes. Cette ampleur n'apparaît pas étrangère à la montée fulgurante de la population, les hardes étant alors plus importantes. Les caribous ont en outre la propension à se déplacer en grand nombre. Plusieurs experts affirment que les groupes étaient compacts lors de la traversée, ce qui n'est pas de nature à faciliter la survie lorsque la panique s'installe.

Le biologiste Robert Joyal écrit dans le magazine *Sentier Chasse et Pêche*, quelques mois après l'événement, que pour que cet accident se produise, il fallait trois conditions réunies:

1. qu'un aussi grand nombre de caribous décident de traverser à la fois à cet endroit;
2. que le courant soit beaucoup plus rapide qu'à l'habitude;
3. que les premiers caribous décident de s'arrêter sur la petite île juste avant la grande chute.

Une hypothèse se concentre davantage sur l'hésitation des caribous de tête lors de la traversée, laquelle aurait été causée par un dérangement. On a émis de sérieux doutes sur la présence d'un ou plusieurs avions de l'armée et sur leurs dangers pour la faune des régions nordiques.

Pour d'autres, c'est la présence d'un aéronef utilisé par des biologistes en train de surveiller le troupeau qui serait à l'origine du dérangement. D'après eux, les caribous du troupeau avaient déjà traversé trois fois la rivière, ce qui avait pu être vérifié car des bêtes marquées avec des colliers avaient été identifiées au cours d'une première traversée. Même si cela n'a pas fait les manchettes dans les médias, suite à l'événement, on a soupçonné que des biologistes et des techniciens surveillaient, à bord d'un aéronef, les caribous marqués pour vérifier s'il sagissait toujours du même troupeau.

Même les autochtones ont été soupçonnés. Certaines personnes ont de fait prétendu que ceux-ci attendaient la harde de l'autre côté de la rivière avec leurs armes.

Somme toute, le débit de la rivière Caniapiscau a fait l'objet d'infiniment plus de controverses que le comportement des caribous. Hydro-Québec, gérant un barrage en amont de la rivière, a vite été accusée de négligence. Au ministère du Loisir, de la Chasse et de la Pêche, les porte-parole interrogés dans les jours suivant la noyade s'accordaient généralement pour dire que les pluies diluviennes, en provoquant une crue aussi importante que subite sur la rivière, demeuraient la seule explication plausible.

L'hypothèse d'une évacuation des surplus d'eau de la Caniapiscau n'a alors pas été endossée par le MLCP. Les prévisions d'évacuation d'eau auraient été réduites et le débit à la sortie du réservoir qui alimente la Caniapiscau était apparemment inférieur au débit moyen enregistré avant la création du réservoir.

C'est du moins ce qu'a indiqué Hydro-Québec pour réfuter les différentes accusations. Au moment de l'incident, l'évacuateur de crues du réservoir débitait de façon constante quelque 1 400 mètres cubes d'eau par seconde, soit environ la quantité maximale pouvant être relâchée, tel que le stipule l'entente avec les Inuit. Avant l'aménagement du réservoir, le débit moyen à cet emplacement était de 1 840 mètres cubes d'eau par seconde.

Avant l'incident, les autochtones auraient pour leur part signalé que le niveau des eaux de la rivière Caniapiscau était trop élevé pour leurs activités de pêche. Le débit aurait alors été réduit le 25 septembre, mais vu la distance, cette intervention ne se serait fait sentir qu'une semaine plus tard. Le jour de l'incident, le débit de la chute n'était supposément que de 3 145 mètres cubes par seconde alors qu'il aurait dû être de 3 500.

Certains experts soutiennent de leur côté que les effets d'une telle intervention sur la vitesse du débit à la tête d'une chute sont mineurs.

Pour leur part, les Inuit n'ont pas accepté l'explication d'Hydro-Québec voulant que la crue ait été causée uniquement par des pluies diluviennes. D'après Environnement Canada, les précipitations ont totalisé 180 millimètres, soit deux fois la moyenne mensuelle, mais les autochtones ont maintenu que le niveau des autres rivières n'avait pas augmenté de façon aussi considérable.

Le Conseil Attikamek-Montagnais a blâmé Hydro-Québec en affirmant que la noyade des 10 000 caribous était une perte irréparable causée par des opérations ne tenant pas compte de l'environnement. La société Makivik, solidaire du Conseil, a demandé le 10 octobre suivant la tenue d'une enquête au ministère québécois de l'Environnement et au ministère des Pêches et Océans. Selon les différents intervenants, les Inuit ont vu dans cette affaire une excellente occasion de revendiquer un dédommagement financier.

Les accusations des autochtones n'en sont pas moins soutenues par Terre-Neuve, le ministre Rideout ayant déclaré avoir en main des renseignements mettant en doute l'innocence d'Hydro-Québec. Le dossier est même soulevé à l'Assemblée nationale le 24 octobre, alors que le Parti de l'opposition blâme sévèrement le Gouvernement pour son attitude dans cette affaire.

Le biologiste de la direction de l'environnement à Hydro-Québec, Gaétan Hayeur, émet pour sa part une hypothèse dont l'aspect a été plus ou moins abordé. Selon lui, il ne s'agit ni d'une question de débit, ni d'un mode de gestion de l'évacuateur. Dans une déclaration faite au *Journal de Montréal*, durant les jours suivant la noyade, M. Hayeur a tout simplement exprimé l'opinion que les caribous ont passé au mauvais endroit.

## Les effets sur le troupeau

Plusieurs biologistes s'accordent pour dire que la noyade de 10 000 caribous n'a rien d'alarmant puisque ce nombre ne représente même pas 4 % sur un troupeau évalué alors à plus de 400 000 têtes. Les prélèvements pour la chasse seraient de l'ordre de 12 000 à 20 000 têtes par année, alors que le cheptel peut supporter une récolte annuelle de 10 % (50 000 sur 500 000 têtes).

## D'autres incidents à prévoir?

Dans les milieux scientifiques, plusieurs sont d'avis que d'autres mortalités massives pourraient survenir, surtout si le troupeau atteint le million de têtes, chiffre prévu pour 1990. Rappelons qu'au début du siècle, on croyait que le caribou était en voie d'extinction dans la province alors que le Québec possède aujourd'hui le plus grand troupeau du monde. Y a-t-il des moyens pour éviter ce genre d'incidents?

Plusieurs suggestions ont été émises, certaines farfelues, d'autres plus sérieuses.

La solution proposant la pose de clôtures dans un endroit comme la chute du Calcaire a été plus ou moins retenue pour différentes raisons, entre autres la difficulté d'une telle intervention dans le fort courant, l'inefficacité de ce moyen pour arrêter une harde de plusieurs milliers de caribous et la quasi-impossibilité de clôturer tous les endroits potentiellement dangereux. D'ailleurs, la traversée des bêtes peut se faire à l'intérieur de vastes corridors larges de plusieurs dizaines de kilomètres. Dans une telle optique, les endroits où les caribous sont susceptibles de traverser sont nombreux. Il faudrait presque être en mesure de prévoir leur comportement.

L'une des avenues proposées depuis déjà plusieurs années vise à intensifier la récolte de caribous afin de maintenir un certain équilibre démographique de la population. À cet égard, l'augmentation récente du quota de chasse sportive, à deux bêtes, ne représente finalement qu'un bien faible apport et n'a à toutes fins utiles aucun effet. Par contre, la chasse commerciale semble aux yeux de plusieurs la solution la plus intéressante.

## Un incident encore mystérieux pour plusieurs...

Malgré la tenue d'une enquête officielle et la divulgation d'un rapport à cet effet, plusieurs individus restent sur leurs positions et se posent encore les mêmes questions sur les causes de cette noyade historique.

— Est-ce une catastrophe naturelle due à une faille dans le comportement des caribous?

— L'augmentation du cheptel ne favorise-t-elle pas des concentrations plus denses, laissant ainsi présager d'autres mortalités massives?

— Est-ce la rapidité plus grande du débit de la rivière Caniapiscau? Et si oui, doit-on mettre en cause les pluies diluviennes ou une mauvaise gestion par Hydro-Québec?

— Est-ce que les caribous ont été dérangés par des humains qui attendaient la harde de l'autre côté de la rivière? Et si oui, était-ce des autochtones ou des biologistes désireux de poser des colliers aux bêtes?

— Ne s'agit-il pas plutôt d'un dérangement occasionné par un avion de l'armée au cours d'essais militaires, ou encore d'un aéronef utilisé par des biologistes en train de surveiller le troupeau?

Voilà autant de questions qui demeurent pour plusieurs sans réponse.

# Chapitre 11
# La commercialisation du caribou

200 000, 400 000, 600 000 caribous... On prévoit que, au rythme d'accroissement actuel, le cheptel atteindra le million de têtes en 1980. La chasse
commerciale n'est-elle pas une solution pour stabiliser la population?

L'explosion démographique du caribou en inquiète plusieurs, qui craignent les effets néfastes de ce phénomène. Un trop grand nombre de bêtes pourrait entraîner d'autres incidents telles la noyade de 10 000 caribous en septembre 1984, une carence de nourriture et pire encore, des épidémies susceptibles de décimer la population.

On a bien sûr intensifié la chasse, en augmentant la récolte à deux têtes par chasseur, en plus d'instituer une chasse printanière. Mais cela ne représente que quelques centaines de têtes.

De plus en plus d'experts sont d'avis que la commercialisation de la viande du caribou, par un abattage sélectif et contrôlé, pourrait contribuer à stabiliser la population. Dans quelle mesure la chose est-elle souhaitable ou réalisable? Sous ce rapport, nous vous présentons l'avis de deux grands spécialistes afin d'apporter un peu de lumière sur le sujet.

## Les propos de M. Roger Fortier*

Pour le président de l'Institut national des Viandes inc., la commercialisation du caribou s'impose et s'avère réalisable; il est toutefois souhaitable qu'elle se fasse en étroite collaboration avec les biologistes et les autorités concernées.

M. Fortier considère vraiment dommage que, dans un pays aussi riche en gibier que le nôtre, on ne puisse servir aucun gibier dans un établissement commercial. En 1976, alors qu'il était responsable de l'admission des visiteurs au Village Olympique, M. Fortier se faisait d'ailleurs souvent demander où on pouvait déguster de la viande de gibier...

Aux conservationnistes opposés à cette mesure, le président de l'INVI répond sans équivoque: «Il est ridicule de ne pas exploiter cette manne pour en faire profiter le plus de gens possible, d'autant plus que ce serait un geste bénéfique pour la stabilisation de la population de caribous.» Quant aux braconniers qui essaieraient de passer leur viande sur le «marché noir», il suffirait d'instituer des mesures judiciaires pour freiner leurs activités. La rentabilité de l'exploitation du caribou, selon M. Fortier, pourrait être assurée non seule-

---

*D'après une entrevue réalisée par Alain Demers, communicateur spécialisé en plein air.

ment par la mise en marché de la viande mais aussi par la vente des bois qui peuvent être transformés en aphrodisiaques, et par la transformation du cuir.

Parmi les autres considérations importantes, le président de l'INVI espère que les consultations ont été et seront bien dirigées. Il souhaite que le gouvernement fédéral contribue au développement du marché dans les autres provinces. M. Fortier souligne que plusieurs problèmes se posent lors de l'abattage des bêtes et de la manipulation de viande dans le Grand Nord, par exemple l'approvisionnement en eau, l'élimination des abats et des viscères, et tout autre aspect relatif au fonctionnement d'un abattoir dans un contexte semblable. Le changement constant des habitudes du troupeau vient à son tour compliquer la situation (photo 11.1).

*Photo 11.1*   **Les contraintes imposées par l'environnement nordique et l'éloignement rendent difficile l'exploitation commerciale du caribou.**

Le transport et ses contraintes, dont le coût très élevé, suscite aussi certaines hésitations. Selon M. Fortier, une des hypothèses à évaluer consiste à transporter les bêtes vivantes là où il y a déjà des sites d'abattage et un système de distribution.

Une bonne inspection favoriserait une meilleure sélection pour l'abattage et, de l'avis de notre expert dans la commercialisation des viandes, assurerait la meilleure qualité possible.

Quoi qu'il en soit, M. Fortier se dit surpris que l'INVI n'ait pas été consulté dès le début, malgré une promesse du ministère du Loisir, de la Chasse et de la Pêche à cet effet. Il trouve aussi malheureux que l'on n'ait ni demandé l'avis d'un expert comme le docteur Benjamin Simard et d'autres scientifiques, ni sollicité de façon formelle la participation du gouvernement fédéral dans ce dossier, et aussi que l'on ait abandonné certains projets de recherche sur la qualité des carcasses.

Il existe déjà un abattoir pour les caribous dans les Territoires du Nord-Ouest; celui-ci est sous inspection fédérale. Pourquoi ne pas avoir poursuivi les recherches de ce côté? Où en est la consultation fédérale-provinciale? Voilà d'autres questions soulevées par M. Fortier et qu'il nous est permis de nous poser dans ce dossier.

**Photo 11.2** **Projet-pilote d'abattage du caribou en vue de sa commercialisation. (a) Les caribous sont tout d'abord rabattus en aéronef (b) puis acheminés vers la station d'abattage et (c) vers un enclos.**

N.D.L.R.: Au moment d'aller sous presse, nous apprenions la mise sur pied d'un projet-pilote de commercialisation de la viande de caribou (photo 11.2). Le souhait de l'INVI par rapport à cette nouvelle se résume à ceci: que toute l'opération se déroule avec la meilleure collaboration possible des parties concernées et, si une éventuelle commercialisation se réalise, que le prix de la viande de caribou soit le plus abordable possible.

*b)*

*c)*

# Les propos du docteur Benjamin Simard*

La commercialisation des viandes provenant d'animaux sauvages n'est certes pas une utopie; le film qu'ont réalisé les Inuit des Territoires du Nord-Ouest canadien avec le renne, nous fait prendre conscience du réalisme de cette approche et même de son actualité.

Mon objectif dans le cadre du présent chapitre n'est pas de faire le tour de ce vaste problème qu'est l'exploitation commerciale des populations animales de la faune, car je n'ai pas en main tous les paramètres qu'il faudrait. Je veux plutôt vous entraîner hors du contexte cynégétique, soit jusque dans l'arène du débat producteur-consommateur, là où plusieurs questions devront trouver des réponses. Je souhaite donc éveiller votre attention sur la pertinence d'un tel projet, en pointant quelques impératifs politiques et quelques conséquences socio-économiques qui mériteraient d'être considérées à tête reposée.

Quels sont, actuellement, les arguments qui justifient les projets d'exploitation commerciale des populations d'animaux sauvages: Nos besoins en protéines? L'équilibre démographique de ces populations? La rentabilisation d'une ressource renouvelable? La situation socio-politique des peuples autochtones? Pourquoi nous parle-t-on maintenant d'exploitation commerciale des viandes sauvages?

La gestion publique (*people management*) compte pour 80% dans l'aménagement de la faune alors que la gestion de la faune (*animal management*) compte pour 20%. Ce principe fondamental de l'aménagement de toute ressource naturelle renouvelable doit nous préoccuper dès le départ. Les conférenciers d'hier en sont tous arrivés à la même conclusion, qu'il s'agisse d'aménagement des populations de chevreuils, d'orignaux, de lièvres ou d'animaux à fourrure: tous s'interrogent sur les désirs et la sensibilisation de leur public respectif.

---

*Le contenu de ce texte est tiré en grande partie d'une conférence de presse donnée par le docteur Simard, lors d'un colloque sur la faune du Québec au cégep de Saint-Félicien.

D'où cette première question: «Quelle importance allons-nous attribuer, dans un tel projet, à la sensibilisation du public?» Pour vous démontrer à quel point les conflits peuvent être animés lorsque l'on commence à parler d'un projet de récolte d'animaux sauvages, qu'il me suffise d'évoquer les événements concernant la chasse aux phoques dans le golfe du Saint-Laurent. Rappelez-vous comment la campagne aveugle d'un journaliste ignare a pu détruire une industrie ancestrale sur nos côtes et handicaper même le développement de nos pêcheries.

Quelle est, dans notre société québécoise, la clameur publique actuelle? Y a-t-il une réelle demande des protéines? Réclame-t-on davantage de loisirs ou s'en va-t-on vers l'excès en tout?

Le coût des protéines a augmenté de façon incroyable depuis les dernières décades. À cause de notre histoire si brève, nous sommes sensibles à un tel événement. Qui de nous ne peut répéter de mémoire les paroles de ses ancêtres: «le gibier du bout de ma terre, ça m'appartient», «heureusement qu'on avait du gibier pour survivre pendant l'hiver», «ça coûte rien, c'est la manne du Bon Dieu». C'est vrai, un pays comme le nôtre, ça ne se colonise pas en comptant sur des racines et des noix longues. Ça prenait des protéines et du suif, et on s'est servi!

Un conférencier, hier, nous soulignait les effets de cette attitude sur certaines populations de gibier. Soyons réalistes, nous n'avons aucune connaissance folklorique en aménagement ou en exploitation d'espèces sauvages, sinon celles qui ont conduit à l'extinction ou la quasi-extinction de certaines espèces. Donc, nous devons admettre qu'il faut partir à zéro.

La société québécoise est devenue depuis peu une société industrielle et urbaine, d'où ces nouveaux cul-de-sac qui nous attendent. Revenons à la chasse aux phoques pour bien comprendre où ils se trouvent. Ceux qui s'opposent à la chasse aux phoques utilisent sans vergogne des arguments de sensiblerie déplacée, d'écologisme religieux et d'ignorance cultivée pour contrer cette exploitation rationnelle et ordonnée des populations animales du golfe. Les comités de surveillance de l'abattage, les quotas définis, les inventaires précis, les droits nationaux et les législations internationales n'ont pas réussi à empêcher le boycottage de la part des pays de la Communauté européenne économique.

Toutes les sensibleries et les argumentations des écologistes du «nirvāna», si utiles lorsqu'il est temps de sensibiliser les développeurs du Nord québécois, se retournent contre nous lorsque nous voulons nous aussi coiffer le chapeau du développeur. Sans hiérarchie dans la valeur des ressources naturelles, ce sera toujours le ballet de l'apprenti sorcier qui se répétera. L'évolution actuelle de notre société ne nous laisse prévoir qu'une exacerbation de l'agressivité de tous ces mouvements anti-chasse, anti-piégeage, anti-tout; on tend à la «zoolâtrie».

Ce n'est pourtant pas l'abattage de quelques bêtes à titre expérimental qui me convaincra de la viabilité du projet, car il y a tout un monde entre le passage du concept à la réalisation et, par la suite, l'obtention d'un rendement acceptable sur une base à long terme. J'aimerais voir le plan de l'abattoir, l'acheminement des carcasses, le traitement des viandes, l'élimination des eaux usées, des déchets, les budgets, le bilan financier, etc. De plus, qu'il s'agisse de rennes, de caribous, de lièvres, de perdrix ou de toute autre espèce, certaines données fondamentales sont communes mais, pour chaque espèce, une actualisation et de nombreux réajustements en fonction des lieux doivent être faits.

Déjà la distinction entre l'exploitation d'un troupeau de rennes et celle d'une population de caribous, exploitations qui semblent à première vue très voisines, nous entraîne dans une épineuse discussion socio-politique, dont un procès fait foi.

Il faut aussi tenir compte de la réaction des populations autochtones du Québec et considérer l'aspect politique du problème. Nous avons signé plusieurs traités avec ces populations et nous nous sommes engagés à assurer leur participation au développement du nord du Québec. Nous leur avons même réservé l'exploitation de certaines ressources, ne l'oublions pas. Alors quelle place occupent les autochtones à cette table de discussion?

## Équilibre démographique d'une population animale

Pouvons-nous nommer une seule espèce sauvage sur laquelle nous avons suffisamment de données pour entreprendre une exploitation commerciale? Est-ce qu'en aménagement, la seule méthode — ou presque — encore utilisée n'est pas la méthode de tâtonnement? Les très nombreux points de suspension saupoudrés tout au long des présentations des conférenciers d'hier ne suffisent-ils pas à nous convaincre de notre pauvreté alors que le vocabulaire des exploitations commerciales est très exigeant: seuil de rentabilité, étude de marché, régularité d'approvisionnement, comptabilité des profits, revenu minimum garanti, etc.

Qui peut prévoir l'effet de l'exploitation du segment mâle seulement sur la population totale? ou plutôt du segment des femelles? ou du segment des vieilles femelles, du segment des jeunes? La chasse sportive provoque inévitablement des modifications du comportement général des animaux et on en connaît, mais quelles sortes de modifications entraîne l'exploitation commerciale? Peut-on prévoir quels comportements des troupeaux et des individus seront modifiés? On me répondra que l'on n'en connaissait pas autant avant de commencer l'exploitation du phoque dans le golfe, mais justement, au début l'exploitation n'était pas commerciale mais artisanale. Et justement, à propos de cette espèce, on voit comment l'exploitation du segment jeune de la population laisse une confortable marge de sécurité à l'environnement pour corriger les erreurs d'aménagement. Or je ne crois pas que ce soient les veaux caribous qui fassent l'objet de l'intérêt d'un projet d'exploitation du caribou.

Il y aurait encore beaucoup d'autres indices à étudier en comparant l'aménagement de ces deux espèces et d'autres espèces aussi; quels sont les équilibres relatifs des populations visées? quelle est la capacité de support du milieu? On parle de population en croissance exponentielle. Est-ce la première fois que ces populations se comportent ainsi? Les cycles ne sont-ils pas monnaie courante dans les populations arctiques? Chez d'autres populations cycliques, quels sont les effets de la chasse? Par exemple, chez le lièvre, qui appartient lui aussi à une espèce cyclique, l'exploitation, parfois très intense et d'autres fois nulle a-t-elle entraîné des modifications? Je laisse toutes ces questions, et bien d'autres encore, aux responsables.

Comment pourrait-on conclure au sujet de l'aménagement intégré des ressources d'un territoire? Il suffit de voir les dents ébréchées de certaines grandes sociétés para-gouvernementales dont c'était la mission, pour prendre conscience de la grosseur de la bouchée...

**La production de viande**

On ne réalise pas à quel point nous, citoyens d'Amérique du Nord, sommes exigeants pour la qualité de nos viandes. Tout un réseau d'interventions et d'intervenants a été construit autour de la mise en marché de cette denrée qui nous préoccupe. Inspection des animaux avant l'abattage, inspection systématique de carcasses, inspection des charcuteries, santé du personnel et hygiène des lieux, éliminations des déchets, etc.

L'hygiène des viandes, en quoi cela consiste-t-il? Les maladies animales sont-elles transmissibles à l'homme? Cette réalité a servi à justifier des mesures de prévention mais il ne s'agit pas d'une situation systématiquement mesurable. Il suffit de se rappeler l'enquête de la CECO pour réaliser que, quant vient le temps de quantifier les retombées pathologiques découlant de la consommation de charogne, tous nos arguments sont faibles. Il est peu probable qu'un prédateur contracte les maladies de sa proie, à moins qu'il ne s'agisse de maladies parasitaires. En effet, puisque celui-ci capture souvent des bêtes blessées ou malades, il serait constamment exposé et souvent malade, ce qui est inconcevable.

Si l'inspection des viandes n'est pas entièrement justifiée par la transmission de zoonoses, quels sont les autres arguments en sa faveur? La protection de l'homme contre l'homme. La viande étant un milieu de culture microbienne complet, elle peut devenir le véhicule idéal pour une foule de maladies de l'homme transmises par ceux qui manipulent la viande. Ainsi, la viande peut devenir le témoin de la grande variété des milieux dans lesquels elle a pu séjourner. Donc, les impératifs de récolte d'une viande sauvage doivent tenir compte non seulement de la santé de l'animal, mais aussi de la santé des manipulateurs, de la propreté des lieux de manutention et d'entreposage de ces viandes et de la qualité du transport. Cette protection de la viande doit donc être assurée par des spécialistes dans l'hygiène des viandes et non par des chasseurs ni des travailleurs (autochtones et non autochtones).

La récolte d'une population d'animaux sauvages implique aussi un lieu. Je laisse aux spécialistes du caribou engagés dans le dossier le soin de nous assurer que la ressource à exploiter sera située à un endroit précis pendant un temps déterminé et couvrant plusieurs années. De cette façon, nous pourrons concevoir un abattoir (transportable s'il y a lieu) qui rencontre toutes les conditions d'hygiène que nous impose le consommateur.

L'exploitation d'un abattoir entraîne la production d'une quantité phénoménale de déchets puisque la perte sur une carcasse peut s'élever à plus de 50%. Et ces déchets sont très difficiles à recycler dans un environnement comme le Nord. Alors plus l'abattoir est fixe, plus l'amoncellement de déchets à recycler est considérable, plus il est mobile, plus on étend les déchets sur une grande superficie, à moins de prévoir tout un système pour régler ce problème. Si l'on entreprenait d'abattre 20 000 caribous, la somme des déchets équivaudrait à près de 10 000 carcasses de caribous, soit le même nombre que celui de la noyade de septembre 1984.

Le plus efficace des établissements d'abattage de bovins au Québec abat quelque 60 animaux à l'heure, et ce avec toutes les aides mécaniques imaginables, en plus du personnel spécialisé, et des services de refroidissement, de chauffe-eau et de disposition des produits que peut fournir une grande ville. Toutes ces énergies ne font au bout de la semaine que 2 400 animaux abattus et tout le monde se repose avec sa famille en fin de semaine!

L'abattage n'est qu'une étape de la production d'un morceau de viande. Le débitage et la charcuterie de certaines parties de la carcasse s'imposent, car il n'y a pas que du steak dans un animal. Si l'on veut récupérer la totalité de l'animal, il faudra multiplier les services et les spécialistes. Les transports de denrées périssables n'entraînent-ils pas des contrôles très coûteux? La régularité de l'approvisionnement n'est-elle pas aussi un facteur essentiel à l'établissement d'une industrie, autant pour le consommateur que pour l'organisation structurelle de cette industrie? Dans cette optique, le transport des animaux vivants jusqu'à un abattoir bien organisé demeure une hypothèse à envisager.

## La rentabilisation d'une ressource renouvelable

Pardonnez-moi si je commence ici par la définition d'un mot que vous connaissez bien, mais les choses les plus simples ne sont pas toujours les plus évidentes. Donc, je donnerai une nouvelle définition au mot «sport»: activité disproportionnée par rapport aux résultats obtenus. Je ne suis pas économiste — on me l'a souvent répété lorsque j'étais responsable de l'aménagement du gros gibier au nord du 50ᵉ parallèle pour le ministère du Tourisme, de la Chasse et de la Pêche — mais je suis aménagiste de la faune et, en dépit de ce qu'en pensent les ignorants, l'aménagement de la faune réclame une grande part de connaissances en économie. Le rapport Carter des années 1960 sur le saumon de la côte atlantique démontre, chiffres à l'appui, qu'il se dépensait alors plusieurs centaines de dollars par saumon capturé par un sportif, alors que les pêcheurs commerciaux de saumons de cette même côte avaient recours à des programmes d'aide sociale pendant l'hiver à cause de l'intermittence de la ressource et de sa non-rentabilité. Nous avions abordé ce sujet lors du congrès de la North East Wild Conference, tenu à Québec. Nous étions même allés jusqu'à proposer la création d'une «régie des viandes sauvages du Québec», qui s'occuperait de la mise en marché des viandes de gibier, des œufs d'oiseaux sauvages, des poissons non commerciaux, etc. Constatez vous-mêmes les remous causés par la commercialisation de la truite mouchetée au Québec. Or, on peut mesurer la difficulté d'implantation d'une telle régie. Dès la réglementation d'une production animale, il faut en plus concevoir des programmes de surveillance de la qualité des produits et de contrôle des fraudeurs possibles.

En guise de conclusion, voici quelques-unes des questions qui furent posées au docteur Simard au cours de sa conférence, relativement à la commercialisation de viandes sauvages.

??? Aura-t-on jamais les connaissances suffisantes? Ne pourrait-on pas accumuler les connaissances en même temps que l'on récolte?

* * * J'espère que l'on n'oubliera jamais d'accumuler, de vérifier et de profiter de nos connaissances, mais qu'est-ce qui nous presse tant? Pourquoi commencer par le dernier maillon de la chaîne? Qu'avons-nous investi dans la connaissance de la biologie de cette espèce à part les recensements? Qu'avons-nous à dire sur la structure sociale, sur les comportements, sur la nutrition, sur la capacité de support du milieu? Certainement que l'on peut expérimenter la problématique de la faisabilité, mais alors abandonnons immédiatement les termes de rentabilisation ou tout autre terme qui laisse briller de faux espoirs.

??? Le petit gibier (castor, rat musqué) ne fait-il pas déjà l'objet d'échanges commerciaux?

* * * Oui, depuis fort longtemps la viande de rat musqué et de castor peut être vendue sur le marché et je ne connais pas de pénurie de ces produits carnés présentement; nos besoins sont amplement satisfaits, mais n'oublions pas non plus que ces gibiers sont régis par d'autres lois, entre autres, la loi des animaux à fourrure.

??? Est-ce que ça ne pourrait pas être un produit subventionné?

* * * Fortement subventionné voulez-vous dire! et d'un coût d'exploitation très élevé à cause des distances. La proximité des marchés est un critère industriel essentiel dans la production d'un bien de consommation. Raison de plus pour décrire le projet et prévoir *qui* paye *quoi* ? Il se pourrait qu'il y ait un marché pour une denrée exotique à des prix exhorbitants mais il vaut toujours mieux vérifier avant. Maintenant n'oublions pas qu'il n'y a aucune raison de subventionner une industrie et pas ses semblables. C'est là que commencent d'autres conflits.

??? Pour ce qui est de l'exploitation du gros gibier, comment distinguer entre chasse sportive et exploitation commerciale?

* * * Ce sont là deux façons fort différentes de rentabiliser une même ressource; un point fort simple de comparaison est de déterminer *qui* investit *où, quand, quoi, comment, pourquoi* ? Dans la commercialisation c'est un gros investisseur qui investit beaucoup d'argent dans un secteur très restreint, pour fournir une denrée de première qualité à des prix raisonnables, et qui cherche le profit de quelques-uns, alors que pour la chasse sportive c'est un grand nombre de petits investisseurs (les chasseurs), qui dépensent énormément d'argent dans une multitude d'endroits, qui passent beaucoup de temps (beaucoup plus que la durée de leur voyage) à aller chercher eux-mêmes une denrée dont ils assurent la qualité, et ils appellent cela de la récréation. Il y aurait beaucoup plus à dire mais je crois que ça suffit pour amorcer la réflexion.

??? Est-ce qu'il n'y aurait pas lieu de distinguer entre petit et gros gibier?

* * * Certainement! Pour le petit gibier on ne peut quand même pas parler de commercialisation industrielle. La vente de ces viandes, sauf pour le lièvre peut-être, est très accessoire. Ça fonctionne déjà assez bien. Pour le gros gibier, à cause de la masse, de la répartition de la ressource, des investissements requis, des intérêts qui peuvent diverger il y a certainement lieu de commencer l'exercice au début, car on ne peut plus faire d'erreur, le troupeau de caribous du bassin de l'Ungava est le dernier au Québec.

??? Doit-on penser à la fraude possible?

* * * Oui, et dès maintenant; dès qu'il y a des profits il y a des profiteurs, et j'inclus le braconnage dans les différentes sortes de fraudes possibles. Voyez ce qui a tant retardé la commercialisation de la truite mouchetée, même élevée en pisciculture; des pisciculteurs regroupés dans le sud c'est pourtant plus facile à surveiller qu'un troupeau de caribous dans l'Ungava.

??? La chasse commerciale ne pourrait-elle pas devenir un outil de gestion?

* * * Peut-être, mais certainement pas avant que l'on connaisse cette ressource parfaitement. La Nature ne ment pas, mais n'oubliez pas qu'elle ne pardonne pas non plus! Comme je le disais plus tôt, nous n'avons que des erreurs à notre passif. Maintenant si on veut parler de gestion, abandonnons le thème de commercialisation des viandes et parlons du vrai sujet sans se cacher derrière des paravents attrayants. Exploiter une population animale c'est non seulement la connaître mais aussi la contrôler et contrôler le maximum de facteurs aux divers niveaux. Or, je ne crois pas que nous en soyons encore même au tout début de la préface de ce chapitre de connaissance.

??? Y aurait-il d'autres façons plus rentables d'exploiter un troupeau comme celui des caribous du Nord québécois?

* * * D'abord que signifie rentable? Il y aurait lieu de définir où sont les intérêts. Quel est ce besoin de rentabiliser à tout

prix? Au profit de qui? Pour quoi? Qui veut rentabiliser? Pour quand rentabiliser? etc.

??? On a parlé de santé publique, mais a-t-on pensé à la santé animale? Ces espèces ne peuvent-elles pas être porteuses de virus très dangereux pour nos cheptels domestiques?

\* \* \* On sait que les caribous peuvent être porteurs des mêmes virus que nos cheptels domestiques. Mais comme dans tous les autres aspects de la commercialisation du caribou, nos connaissances sont limitées. D'importantes études ont contribué à nous en apprendre davantage et il est à souhaiter que ces recherches sur le terrain s'intensifient afin d'atteindre un juste équilibre entre une exploitation rationnelle du caribou et la pérennité de l'espèce.

Institut national des viandes
10216 Lajeunesse
MONTRÉAL, Qc
H3L 2E2

Messieurs,

La Fédération québécoise de la faune s'associe à messieurs Roger Fortier, Benjamin Simard et Alain Demers de l'Institut national des viandes Inc. pour cette heureuse initiative de mettre à la disposition des chasseurs un volume sur un gibier d'importance au Québec mais parfois méconnu des chasseurs et des adeptes de la nature.

«Le Caribou» est un volume de référence fort utile pour les sportifs qui projettent un voyage dans le nord québécois.

Les techniques d'approche, les méthodes de prélèvement et les soins à apporter à la venaison sont clairement expliqués et abondamment illustrés. Voilà pourquoi la Fédération québécoise de la faune recommande cet ouvrage.

D'autre part, le chapitre sur la commercialisation du caribou permet de connaître l'opinion des auteurs sur un sujet fort complexe et controversé. La FQF, consciente de l'importance de cette ressource, participe activement à l'élaboration des solutions qui devront refléter la volonté des chasseurs du Québec.

LÉO-PAUL QUINTAL
Président